AF499265

NADIE ENCIENDE EL MUNDO

JUANA VILLANUEVA

Título original: *Nadie enciende el mundo*
Primera edición: **Febrero 2023**

www.editorialkolima.com

Autora: **Juana Villanueva**
Ilustración de portada: Ana Pérez Márquez
Foto de la autora: José Miguel Stelluti
Dirección editorial: Marta Prieto Asirón
Maquetación de cubierta: Valeria Hernández
Maquetación: Carolina Hernández Alarcón

ISBN: 978-84-19495-32-7
Depósito legal: M-4351-2023

A mi hija Sara.

ÍNDICE

PRÓLOGO

Cuando he tenido que escribir el prólogo de un libro siempre se me aparece el fantasma de Bartleby. *Bartleby El escribiente* es un maravilloso relato de Herman Melville que se sintetiza en la frase «prefería no hacerlo», y no es porque realmente no quiera hacerlo, sino que a veces es mejor no hacer nada para no estropear el relato. Esto puede pasar con este libro de ficción de enorme valor que rezuma la garra expresiva de su autora.

Hace tiempo, en los arcaicos tiempos de estudiante, tuve a bien clasificar en cuatro tipos los prólogos de los libros. Lo mencioné en un artículo cuyo título era «Como el bello arte de prologar», en el que indicaba con ejemplos esta taxonomía *sui generis*:

- En primer lugar estaban los «prólogos-expectativas», que generan unas enormes ganas de leer el libro y en ocasiones una profunda decepción posterior.

- Luego estaban los «prólogos-destripadores» (en aquella época no utilizábamos el baboso concepto de *spoiler*), que te contaban el nudo e incluso el desenlace sin dejar que lo descubriéramos a través de la lectura.

- En tercer lugar los «prólogos-loa», donde se narraba en bucle las bondades del libro o de la autora, generando un sabor de boca empalagoso antes de la lectura.

- Y, por último, los «prólogos-contexto», donde se plantean aquellas temáticas que, a modo de ideas-fuerza, estructuraban los libros y que es el que voy a intentar escribir. Consiste en dar claves sobre el contexto que permitan no encerrarse en elogios fútiles y pasajes habituales, descubriendo al lector las ideas que a la autora le han permitido expresar la trama de la novela. Por tanto, esta obra necesita un prólogo que no genere expectativas ni loas y que no adelante los bonitos encajes narrativos y vericuetos discursivos que os vais a encontrar.

Una primera idea notoria de este libro es la importancia de la salud mental en nuestra gestión como personas en el día a día. Los problemas psicológicos no son exclusivos de una parte de la población, sino que todos los tenemos y solo es cuestión de dosis. Y, como tras la pandemia del COVID-19, existe una mayor preocupación social por la salud mental, es el concepto refugio del desengaño emocional que ha originado la toma de consciencia de nuestra vulnerabilidad como personas. Sin duda la salud mental está presente en el discurso social actual por ser una expresión del sentimiento de significativo vacío que nos ha traído la pandemia.

Este libro aborda de una manera sencilla cómo la salud mental es un elemento cotidiano y un ingrediente básico de nuestra felicidad. La salud es un concepto muy genérico, pero que a veces no quiere abarcar lo mental, cuando este atributo genera los mayores niveles de enfermedad. La enfermedad mental no se debe banalizar, pero tampoco la tenemos que arrinconar a conversaciones secretas o a liturgia de confesión de una culpabilidad gratuita. Hay que afrontar los problemas mentales como una tesitura normal de las personas normales, que tienen episodios más o menos momentáneos de desajuste mental. No debemos estigmatizar las enfermedades mentales porque entonces es cuando verdaderamente tienen un efecto de alienación social. No hay enfermedades mentales sino tipos de enfermos mentales.

Otra idea importante en este libro de Juana Villanueva se refiere al mundo de los recursos humanos. Gran conocedora de este ámbito puede intercalar situaciones reales en la trama de la novela. La procelosa vida de un responsable de la gestión de personas en una empresa aporta multitud de experiencias de grato calado, y esto da mucha verosimilitud al relato. El entorno organizativo y empresarial es un ecosistema donde afloran multitud de incoherencias y posibilita la demostración de trastornos en la conducta de la persona. La autora es conocedora, por su trayectoria profesional, de estas situaciones y ello se puede observar en la enorme carga vivencial de su narración. Si juntamos la estigmatización del enfermo mental con el mundo empresarial nos encontramos con ejemplos reconocibles y cercanos para el lector, pues, como se puede observar en el libro, hay una combinación maliciosa del entorno de trabajo hacia los trastornos mentales, generando situaciones rocambolescas en un ámbito donde lo formal es sinónimo de lo normal. Creo que esta obra es muy sugerente para aquellos que están ocupando un puesto en la tan denostada función de Recursos Humanos.

Hay una tercera idea importante en el libro y es el amor (también la sexualidad). La forma de describir las situaciones sexuales y, lo mejor, de normalizar cualquier influencia de este ámbito lleva a un relato sutil y poco evaluativo. Sin duda el amor y los elementos sexuales están en el motor de las relaciones humanas, pero muchas veces nosotros mismos somos los que entronizamos su valor explicativo. Como cualquier acto humano, somos nosotros los que ponemos los adjetivos para describirlo y lo podemos hacer de modo que lo más normal pase a ser anormal. Lo normal de lo anormal o lo anormal de lo normal son dos formas de abordar esta temática. En esta obra, tanto el amor como la sexualidad son un verdadero «Mc Guffin», como decía Alfred Hitchcock, es decir, una excusa argumental que carece de relevancia por sí misma pero que está en las motivaciones de los protagonistas.

Como he dicho que no voy a destripar la historia, además de estas tres ideas nucleares, enfermedad mental, recursos humanos y amor/sexualidad, solo quiero aportar otras tres ideas sobre el estilo de la autora. En primer lugar, la cercanía; es sin duda una novela cercana, pues sus diálogos suenan en nuestros oídos como si los hubiésemos oído en nuestro día a día. La forma de apelar a los argumentos desde la sencillez del lenguaje y la manera de expresar los sentimientos nos parecen muy cercanos. Muchas conversaciones ha debido escuchar la autora para conseguir ese efecto tan habitual que se desprende de sus diálogos y descripciones de escenarios.

En segundo lugar, el dinamismo de la novela es inmejorable; cuando la lees estás metido en una burbuja de querer saber lo que pasa rápidamente. Gráficamente lo observo cuando nerviosamente miras cuántas paginas te faltan por leer, y esto pasa con este libro. El interés es máximo en cada uno de los capítulos; no tienen un descenso de la atención porque la línea argumental da curvas muy rápidamente. Este dinamismo le da un toque especial a la utilización de «apodos» y a las descripciones sencillas de las personas.

Sin duda es una obra de lectura rápida por el interés que produce desde el inicio de la obra.

En tercer lugar, es una «obra sándwich». Esta expresión la utilizaba mucho en una tertulia que tuve en los años noventa; es decir, tiene un gran principio y un gran final. Y es precisamente esta fórmula la que le da un valor dinámico y cercano al relato. El efecto primacía de una novela es ese intrépido principio que te permite enclavar la historia rápidamente, y que tiene su máxima expresión en este libro. En las tres primeras páginas ya has centrado la atención y, sin saber dónde va la novela, tienes interés en saberlo. Y el efecto recencia es un final cuya fuerza está en lo imprevisto y te hace recordar todas las páginas anteriores que acabas de leer. Cuando vuelves para atrás a buscar momentos anteriores se aprecia el éxito del autor.

Esta es pues una novela «sándwich», modelo de intrigante principio y glorioso final.

El estilo cercano y dinámico, con un principio prometedor y un final sorprendente, y con unas temáticas en torno a la enfermedad mental, el mundo de la empresa, el amor y una visión muy normal de lo sexual podría ser un resumen de esta obra que animo a leer, no porque lo deba decir en este prólogo, sino porque sería una pena que os la perdieseis. Su lectura, amena y divertida, hace que pienses en verdaderos problemas humanos dentro de la normalidad narrativa.

Y, para terminar, una nota sobre la autora sin caer en contar su trayectoria profesional y personal. Se puede observar en esta obra su nivel de agudeza y capacidad. Si tuviera que identificarla con un animal sería un búho observador e inteligente que interpreta la realidad desde la experiencia vivida. También es fiel representante de las novelistas de casta experiencial, donde se aprecia el enorme valor de expresar realidades vividas. La experiencia de Juana hace más rica la narración. Sin duda es una gran novela de una autora que extrae sus discursos de la vivencia analizada en su trayectoria profesional.

Y, como decía mi querido Bartleby, «no hago nada más, porque si no voy a estropear el gran relato que a continuación tenéis».

¿Cuándo fue la última vez que te sorprendiste? Si no quieres sorprenderte, no sigas leyendo...

Javier Cantera
Palentino, psicólogo, empresario,
leonardino y tintinólogo

NADIE ENCIENDE EL MUNDO

PREÁMBULO LAS SOMBRAS DE LA ÚLTIMA NOCHE

Esa noche salí tarde de trabajar. Estaba muy cansada, más que por el trabajo por la vida; mejor dicho, por la «no vida» que tenía desde el día del accidente. La noche era muy oscura y fría, una noche sin luna, la misma que se repetía en mis pesadillas. Quizás antes no tanto, pero ahora no me gustaba la noche, con su oscuridad y sus sombras que se confundían con realidades, y las noches sin luna me aterraban porque no podías distinguir las calles, ni a las personas, ni los objetos. En la noche solamente podías ver noche.

Cogí el metro a la salida del trabajo, como hacía cada día, pero tres horas más tarde de lo habitual. Desde mi incorporación tras la baja no lograba concentrarme y tardaba mucho en hacer cada tarea. Ya en el andén pude ver que había mucha menos gente de lo habitual y empecé a sentirme inquieta. Sabía que en las primeras estaciones no habría problema, pero que a medida que me fuese acercando al barrio de mi madre en las afueras de Madrid, donde vivía ahora, las personas iban a ser sustituidas por las sombras, y empecé a tener miedo.

Efectivamente así fue. Cuando quedaban cinco estaciones para mi destino se bajó la última persona de mi vagón. Estaba sola y la angustia me invadía. Antes la soledad me gustaba; ahora me aterrorizaba. Me asomé a los dos vagones contiguos al mío para cambiarme en la siguiente estación, pero no había nadie tampoco. Solo pude ver sombras. Me parecía que el metro iba muy despacio. Miraba la hora, los minutos pasaban muy deprisa, pero el tren apenas avanzaba, o por lo menos yo tenía esa sensación. Cada vez era más tarde y yo cada vez tenía más miedo. En la siguiente estación nadie subió y nadie bajó. Quedaban cuatro paradas más para llegar. Luego me esperaba de nuevo la noche y un trayecto de quince minutos andando por un barrio malo en una noche sin luna. Tenía miedo en el tren, pero también lo tenía a llegar.

Generalmente temía a las personas, por si eran malas, pero ese día no era así ¿A qué tenía miedo? Pedía que entrase cualquiera en el tren para no quedarme sola con las sombras. Me daba igual que me insultase algún borracho o que me atracasen; solamente quería ver a alguien de carne y hueso, no siluetas negras formadas de nadie.

El metro paró de nuevo y subió una mujer. ¡Por fin una persona! La miré con esperanza, pero la esperanza se transformó en pánico cuando me di cuenta de que tenía mi misma cara, mi mismo pelo, mi misma ropa. Sabía que no estaba soñando, pero quizás el miedo me había vuelto loca. En el fondo reconocía que no; era lo que estaba esperando durante todo el viaje y las dos lo sabíamos.

La mujer se fue acercando a mí. Yo me levanté y me fui alejando de ella y acercando a una de las puertas. Quería salir, huir ¡Quería despertar! ¡Por favor que sea una pesadilla otra vez!...

El metro paró justo en el momento en que ella estaba a mi lado. Salimos a la vez al andén central y me sonrió antes de empujarme a las vías justo cuando iba a pasar el otro tren.

Antes de caer vi a mi marido muerto por primera vez. Corría desesperado hacia mí para tratar de salvarme, y la verdad es que lo consiguió.

I. EL LORO

Cuando vi aquel loro gigante más grande que mi hijo de dos años muerto creí que volvía a tener alucinaciones. Si la recepcionista no hubiera empezado a gritarle al hombre que lo llevaba en una enorme jaula habría pensado que mi mejoría era solo una quimera. Pero no, allí estaba yo, esperando para tener una entrevista de trabajo en uno de los hospitales privados más elitistas del país, sentada enfrente de un loro del tamaño de un niño pequeño, escuchando a una recepcionista que parecía la directora del hospital por los humos que tenía, y a un director (el de la jaula) que se había convertido en recadero y traía un loro desde Barcelona, por encargo de un jefe al que la de recepción llamaba «demonio». No estaba mal... Había tardado unos minutos en entender todo aquello, pero la conversación entre la mujer de la recepción y el hombre del loro me terminó presentando ese extraño escenario.

De todas formas, el día ya había empezado raro. En el metro, cuando iba de camino al hospital, durante un momento me había parecido ver a mi marido otra vez. Eran apenas unos segundos, en los que mi corazón daba un vuelco. Luego mi cabeza le decía al corazón que no, que mi marido estaba muerto, que había tenido un accidente de coche, causado por su exceso de velocidad, y que se había llevado con él, al otro mundo, a nuestro único hijo, dejándome sumida en la desesperación y la locura. Esta alucinación la había tenido ya varias veces durante el año y un mes que había pasado desde el accidente y siempre había sido igual de horrible. Por lo menos era mi marido el que se aparecía; si hubiese sido el niño no lo habría soportado.

Tratando de no volver a pensar en mi esposo reapareciendo de entre los muertos para coger el metro y seguirme volví a prestar atención a la conversación que seguía en la recepción a propósito del loro. La situación era tan surrealista que no me quedó más remedio que sonreír; creo que incluso llegué a soltar una pequeña carcajada (quizás la primera en un año) cuando el director catalán que había traído al pájaro desde Barcelona llamó Ángel a la misma persona a la que la recepcionista apodaba «demonio».

Por un momento no supe si había salido del manicomio para ir a una entrevista, o si continuaba en él, aunque la verdad es que no era la primera vez que me preguntaba quién estaba cuerdo y quién estaba loco dentro y fuera del psiquiátrico y la respuesta no me quedaba tan clara. En el año de internamiento había conocido a personas terriblemente desequilibradas, pero también a otras esquizofrénicas, bipolares o depresivas como yo, mucho más cuerdas que alguno de los compañeros con los que había trabajado a lo largo de mi vida: paranoicos imposibles, sádicos malvados, megalómanos, narcisistas, anoréxicas crueles, sicóticos de todo tipo y, los peores de todos, los psicópatas, sin sentimientos, capaces de cualquier cosa para conseguir sus objetivos. Además, ninguna de esas personas, que yo supiera, estaba sometida a ningún tratamiento psiquiátrico y se paseaban por las organizaciones como por su propia casa, amargando la existencia de todos los que por unas razones u otras no eran de su agrado.

Quizás alguno de ellos se hubiera curado con el tratamiento adecuado, quién sabe... Los psicópatas por supuesto que no, porque no son enfermos mentales, y por lo tanto no se pueden curar. Sus trastornos de conducta no tienen solución; son malos y ya está, no tienen afectos ni sienten remordimientos. Por eso dan tanto miedo. Además, en muchas ocasiones tienen un carácter seductor, y con él es más fácil todavía manipular a los demás.

En el manicomio no había psicópatas; estos, o están en la cárcel o están en la política. O en las empresas; depende de cómo ejerzan su agresividad. Si es física van a la cárcel; si es emocional, o son políticos, o van a los comités de dirección de las grandes organizaciones –aquí siempre les hacen un hueco a pesar del peligro que su sola presencia supone–. Son los llamados psicópatas integrados, que no asesinan pero que pueden ser terriblemente peligrosos, aunque también muy eficaces desde el punto de vista organizativo. Y claro, ¿cuál es la profesión favorita de los psicópatas? CEO, por supuesto. Y como todos no llegan porque solo hay uno por empresa, muchos se quedan en directivo, y casi peor porque están más cerca de los empleados de base y por lo tanto pueden hacer más daño.

Si no has trabajado en grandes empresas no es fácil que se crucen en tu vida, aunque hay algunos en compañías pequeñas (que generalmente son suyas). Normalmente su ambición los lleva a entornos donde puedan ejercer su poder y su maldad sobre muchas personas.

Esto ocurre también en la política, dominada por psicópatas de libro. Si existiera un manual del perfecto psicópata, en él aparecerían descritos la mayoría de los presidentes de las naciones del mundo, y no de la antigüedad, sino de ahora mismo. Es verdaderamente triste, pero es que estos «trastornados conductuales» son muy inteligentes y consiguen lo que se proponen, a costa de lo que sea, y eso es lo que se persigue en la política y en la mayoría de las grandes organizaciones: objetivos, resultados, beneficios, no importa cómo. El método es lo de menos, las personas no importan...

Mientras me perdía en estas divagaciones, la conversación de la recepción parecía haber terminado. El portador del loro se acercó a mí y se presentó muy amablemente:

–Jordi Salisachs, director de las Clínicas del Noreste. Perdone todo este jaleo; llevo un día horrible con este loro dichoso. No nos conocemos ¿verdad?

–No, soy Henar. Vengo a hacer una entrevista de trabajo...

Lo primero que había pensado al ver a aquel hombre con el pájaro en la mano es que se parecía a Papá Noel, y que posiblemente trabajaba en Navidad en los grandes almacenes haciéndose fotos con los niños. Igual hasta tenía una con mi pequeño, pensé. Cerré los ojos y traté de centrarme; nunca había ido a hacerle fotos a mi hijo con Santa Claus y además ese hombre trabajaba en la clínica Los Tres Ases de director; no podía ser Papá Noel en Navidades. Además, me estaba preguntando algo:

–¿Una entrevista para el departamento de Personal? ¿Para sustituir a Manuel? Sabemos que se jubila pronto.

–Sí, para Recursos Humanos, People, como se dice ahora. Parece que considerar a las personas como un recurso ya no está de moda. Primero Personal, después Recursos Humanos y ahora People, en inglés, por aquello de la globalización.

–Uf, pues aquí somos un poco anticuados. Manuel siempre ha sido el jefe de personal... Y ahora yo creía que íbamos a contratar a un director de Recursos Humanos, pero si tiene que ser una «directora de People», trataremos de adaptarnos –comentó sonriendo.

–A lo mejor no es ni «directora de People»; la mayoría de las ofertas de trabajo ahora buscan a un «Head of People». Esto es lo último.

–Pues eso ya no sé; esta empresa es muy española. Hasta los catalanes como yo estamos mal vistos, ¿verdad, Amelia? –dijo, dirigiéndose a la recepcionista.

–No todos los catalanes, solo los independentistas como tú –dijo ella–. Y, aun así, a ti te quiere todo el mundo, porque eres muy buena persona. Tú, mientras no hables de tus ideas, todo va bien, aunque ya sabemos de qué pie cojeas; solo te faltaba ya traer de Barcelona a este loro de las narices, que lo mismo hasta habla en catalán. ¡A quién se le ocurre...!

Amelia continuó susurrando por lo bajo, al tiempo que otra mujer, vestida con el mismo uniforme que ella, vino a buscarme para llevarme al despacho de mi entrevistador.

–¿Henar Márquez? –preguntó.

–Sí, soy yo.

–Acompáñeme, por favor; el Dr. Aguilar la está esperando.

Mientras me disponía a seguir a la chica, Jordi me tendió la mano a modo de despedida. Me fijé mejor en él. Debía tener cerca de sesenta años; su tamaño y su parecido con Santa Claus le otorgaban un aspecto bonachón.

–¡Mucha suerte, Henar! Me alegro mucho de que la entrevista sea con Aguilar, Ángel Aznar es más duro.

–¿Aznar no será el «demonio»? –pregunté sonriendo abiertamente a Salichachs, que me guiñó un ojo mientras asentía con la cabeza.

–Pues sí. En esta clínica hay muchos motes. A mí al principio me llamaban Santa Claus, y ahora ya han abreviado y me dicen Santa –dijo riendo a carcajadas mientras se tocaba la enorme tripa con las dos manos.

–Pues la verdad es que me parece un mote muy acertado, y el que alguien apodado «demonio» se apellide Aznar, pues me resulta curioso también, la verdad...

Me despedí de él y me dirigí a mi entrevista de trabajo.

Inmediatamente me arrepentí del comentario que había hecho. Una vez más había sido indiscreta: no conocía la orientación política del director del noreste; solamente había supuesto que siendo catalán e independentista (por lo que había dicho la recepcionista) no le caería bien el ex-presidente del Gobierno Aznar, y como yo desde la guerra de Irak no le tenía simpatía tampoco, pues lancé mi comentario.

Sin embargo, sabía de sobra que no debía emitir mis opiniones a cualquiera que quisiera escucharme; los años trabajados parecían no haberme enseñado nada; lo seguía haciendo. En este caso, la sonrisa y el guiño de mi interlocutor indicaban que probablemente mi comentario no le había molestado, pero eso no me justificaba. Por mucho que lo intentaba no podía evitar parecerme a mi madre y decir lo que pensaba, sin preocuparme demasiado la opinión del receptor. De niña odiaba esa faceta de mamá, pero poco a poco, según iba creciendo, me iba dando cuenta de que yo era igual, y soltaba mis pensamientos sin demasiados filtros; no lo podía evitar. Y la medicación desde luego no había ayudado; de alguna manera te desinhibía, con lo que mi problema se había agravado. Pero total, qué más daba; posiblemente no volvería a ver a ese hombre en mi vida; estaba demasiado loca como para superar una entrevista de trabajo.

Siguiendo a la mujer que me conducía hacia mi entrevistador reflexioné sobre lo curioso que era el mundo laboral. Hacía un año que no me reía y una situación grotesca en un entorno de trabajo me había hecho soltar una carcajada, o por lo menos un amago de ella.

En mi caso siempre me había reído mucho en el trabajo, a pesar de haber tenido empleos estresantes. Todavía sonreía cuando recordaba muchas de las anécdotas pasadas, la mayoría compartidas con mis colaboradores, a pesar de que en los malos momentos casi ninguno había estado a mi lado. La verdad es que eso ya no me importaba. Había aprendido a no juzgar a los compañeros de trabajo. Los entornos laborales eran así; no podías esperar demasiado de nadie, aunque a veces compartieses buenos momentos. La clave estaba en no tener confianza en el ser humano, lo que por supuesto no es fácil. Al final siempre es un tema de expectativas y de manejar las tuyas... Confiar, no confiar, ¿qué era lo correcto? Tanto psicólogo, tanta terapia, tanta prueba primero psico-profesional y después solo psicológica. Me habían dicho que yo confiaba, que era inherentemente confiada y algo ingenua, «cándida», como me tenía un amigo de la infancia en su móvil.

Eso yo ya lo sabía; no hacía falta que ningún psicólogo o test me lo dijera. Estaba harta de oírselo a mi madre, a mi hermana, a mis amigas, a mi marido... A medida que vas creciendo el entorno te enseña a no confiar en el prójimo, y menos todavía en los compañeros de trabajo, en los jefes, o en los subordinados. Por supuesto esto no es ninguna lección que se imparta en ninguna escuela, ni siquiera en las de negocios; es una especie de formación continua que empieza en la guardería, sigue en el colegio, el instituto y la universidad y culmina cuando te incorporas al mercado de trabajo. Aquí no te queda más remedio que hacer un máster presencial de desconfianza si quieres sobrevivir. Lo malo es que yo, aunque lo he intentado, no tengo cualidades para desconfiar. La desconfianza para mí ha sido como las matemáticas; le ponía empeño, pero en el fondo, como no entendía nada, no era capaz de aprender.

¿Por qué pudiendo confiar en el prójimo tenía que desconfiar? ¿Porque eso era mejor que ser una ilusa como yo? En esos momentos no estaba preparada para responder a una pregunta tan compleja; solamente sabía que la risa me había hecho pensar. Quizás había llegado el momento de regresar al trabajo. Me había gustado volver a reír, aunque eso supusiera pasar por todo lo demás... Desde luego, las personas como Jordi, con su loro, su mano tendida y su sonrisa, me animaban a ello. «Menos mal que siempre hay gente amable –pensé–, si no todo sería todavía más difícil».

II. LA MÁQUINA DEL TIEMPO

El Dr. Aguilar debió ser guapo de joven; de hecho, lo era todavía, aunque debía estar cerca de la jubilación. También era alto y fuerte, conservaba el pelo con una bonita cana blanca y tenía la piel morena propia de los hombres que practican deportes al aire libre («seguramente golf», pensé). Parecía uno de esos galanes de cine a los que los años tratan bien y pueden seguir haciendo papeles de guapos pasados los sesenta. Amablemente me pidió que me sentara y yo, siempre obediente, así lo hice.

–Hola, Henar. Supongo que sabes que soy un viejo amigo de Bartolomé, tu psiquiatra, y en tiempos también el mío. Él me ha hablado mucho de ti. Piensa que eres una excelente profesional, y en su opinión ya estás preparada para volver al trabajo. Nuestra clínica necesita un director de Recursos Humanos y tú, pues siempre hay un día en el que tienes que volver... Es duro, pero necesario.

Al terminar la frase permaneció callado durante unos segundos, ensimismado en sus pensamientos, pero fue solo un momento. Enseguida volvió a la realidad:

–La verdad es que cuando nuestro común amigo me habló de ti me entraron ganas de conocerte, y tengo que reconocer que no fue por tu faceta profesional, sino por la personal. Quería hablar contigo porque has vivido una experiencia terrible, muy parecida a la que yo viví hace ya muchos años.

»Imagino que Bartolomé te habrá contado que mi esposa y mi hija fallecieron en un accidente de coche. Creo que no es necesario que te explique por lo que pasé.

»Después de los primeros meses me propusieron hacer terapia de grupo con personas que habían sufrido experiencias similares. Lo intenté, pero en aquel momento no pude con ello. Fui a la primera sesión y encontré que todos estaban absolutamente grillados. Yo estaba destrozado, pero creía conservar un poco de cordura. Allí todo el mundo gritaba y lloraba sin cesar, rezaba, golpeaba las paredes... El primer día fue demoledor. Aun así, animado por nuestro psiquiatra, lo volví a intentar, y el segundo día fue todavía peor que el primero. Lo más sorprendente de todo es que cuando iba a telefonear para comunicar que no volvería, ellos se me adelantaron y me dijeron que era mejor que no continuase, ya que estaba notablemente peor que el resto del grupo, y mi presencia en la terapia retrasaba la recuperación de los demás. No podía creerlo. ¿Yo retrasaba a aquella panda de tarados? ¡Era increíble!

»El caso es que nunca pude compartir mis sentimientos sobre la muerte de mi familia con nadie, a excepción del doctor Bartolomé. Soy una persona introvertida. Ahora, sin embargo, ha pasado mucho tiempo y me creo preparado para hablar sobre todo aquel terrible proceso; creo que me podría ayudar comentarlo con personas que han tenido una experiencia similar a la mía, y al mismo tiempo yo podría ayudar también. Por eso, cuando nuestro psiquiatra común me habló de ti quise conocerte de inmediato. Era como si el destino te hubiese puesto en mi camino; llevaba tiempo queriendo hacer voluntariado en alguna asociación de víctimas de accidentes de tráfico. Dicen que siendo voluntario siempre recibes más de lo que das, pero al final no me decidía, y de repente apareciste tú.

»Por supuesto consulté tu currículo y pedí referencias y todas fueron muy buenas. Y ahora pues aquí estamos, Henar, preparados para hacer una entrevista de trabajo poco convencional, ¿verdad?

»Ahora es tu turno. Eres tú la que me tiene que convencer de que eres la persona apropiada para este trabajo. La intuición está bien, pero necesitamos algo más.

El día continuaba sorprendiéndome: primero mi marido muerto siguiéndome en el metro, luego el loro gigante en la recepción, y ahora un entrevistador interesado en mi drama personal y no en mi trayectoria profesional. Dudé un momento lo que tenía que decir y al final decidí expresar lo que sentía, porque cualquier otra cosa no habría tenido sentido en un día como aquel.

–Realmente estoy un poco sorprendida, aunque desde el principio me pareció raro que quisieran entrevistar a una persona que estaba ingresada en un psiquiátrico. Pensé que lo hacían por amistad con Bartolomé, para hacerle un favor. Desde luego algo extraño había.

»Antes de venir, el doctor me habló del accidente de su familia, aunque muy por encima, y no supe qué pensar. Él me animó mucho a hacer la entrevista, pero ahora casi me interesa más saber qué hizo usted para superar su pérdida. Sinceramente, en estos momentos cualquier palabra de aliento que tenga para mí me podrá ayudar mucho más que una entrevista de trabajo. Llevo más de un año sumida en una oscuridad de la que me parece imposible salir, pero a lo mejor su experiencia me inspira y me ayuda de alguna manera. ¡Ojalá!

–Pues empecemos por ahí entonces, y así hacemos un poco de terapia los dos. Te hablaré un poco de mi vida y de mi familia y luego si quieres me hablas tú de la tuya.

»Mi esposa y mi hija fallecieron en un accidente de coche en el que sobrevivió mi hijo pequeño. Podría contarte que gracias a él conseguí sobreponerme, pero es mentira. De un golpe así nunca te recuperas. Para agravar la situación tengo que reconocer que siempre fui un mal padre. Ya no tiene remedio, pero así fue. Bartolomé me ayudó mucho, pero no pudo hacer nada para que superase el remordimiento que sentía por pensar que, de los tres miembros de mi familia, vivió el que yo menos quería que hubiera sobrevivido. Sé que es muy duro lo que estoy diciendo; bastante he sufrido por pensarlo, pero así es. Y lo peor de todo es que creo que mi hijo siempre lo supo.

»Por supuesto esto no se lo puedo decir a cualquiera, pero ahora siento la necesidad de contarle algunas vivencias a alguien que pueda entenderme, y ya sé que no voy a retrasar tu recuperación; ya ha pasado más de un año de tu tragedia e imagino que durante el mismo habrás pensado tantas cosas que seguro que puedes entenderme. Y si no me entiendes, por lo menos aceptarás mis sentimientos. Si algo me enseñó el duelo es a respetar el de otros. Tú estás ahora mismo pasando por una situación terrible, por eso sé que no me juzgarás.

»No es fácil hablar de esto con personas que no han pasado por experiencias parecidas; no te entienden. El ser humano es incapaz de ponerse en la piel de otro. Por muy empática que sea una persona no puede imaginar el sufrimiento ajeno en una situación que no ha vivido; el que dice que te comprende miente. Solo las personas que viven experiencias similares pueden hacerlo; al final es todo muy simple. Las personas somos simples.

»Tú sí puedes imaginar mi dolor porque lo estás viviendo en tus propias carnes. El que no lo ha experimentado no lo puede imaginar. El dolor no se imagina; se siente o no se siente, no hay que darle más vueltas. Es como imaginar un dolor de cabeza que no tienes; no te empieza a doler la cabeza por imaginarlo. Es imposible, sencillamente no ocurre. Con los dolores del alma pasa exactamente lo mismo: en ningún caso puede dolerte el dolor de otro. Solo te duele el tuyo, y menos mal que es así... Mi madre sufría por mí, eso lo sé, pero no podía ponerse en mi lugar, pensar lo que yo pensaba, sentir lo que yo sentía, sencillamente porque ella no lo estaba viviendo; sus hijos estaban todos vivos...

»Yo sigo en duelo, porque tienes que saber que los duelos como el tuyo o el mío no duran un año; duran toda la vida. Lo que sí es verdad es que a partir de los primeros doce meses empiezas a asumir tu situación, a aceptarla y a resignarte; eso es algo que no te cuentan de una forma muy clara en las terapias. Solo te dicen que a partir del año todo irá mejor, lo que por lo menos no es mentira. Y es verdad que después del segundo año hay otra ligera mejoría, pero a partir de ahí solo hay aprendizaje; tienes que aprender a vivir con ello...

El doctor se quedó callado mirándome, esperando a que yo hablase. Traté de pensar de una forma rápida qué debía decir, pero mi cerebro, atontado por las pastillas, no iba deprisa y no se me ocurría nada. Volví a expresar lo que sentía; total, qué más me daba:

–La verdad es que le entiendo. No le juzgo, aunque me da pena su hijo.

»Yo soy mediana repetida;[1] siempre sentí que mis padres no me hacían caso. La vida es así; no puedes vivir lamentándote por esas cosas. Su hijo sobrevivió en un accidente en el que dos personas murieron. Tuvo suerte. No es fácil tener todo en la vida. No era el hijo predilecto, pero está vivo. Yo no era la favorita, pero tenía otras cosas; probablemente era más lista, más fuerte, más guapa, no sé... La naturaleza siempre compensa. Probablemente, si hubiera sobrevivido a mis hermanos en un accidente mis padres habrían pensado lo mismo que usted. Y además los dos. Si solo hay dos hijos, el cariño de los padres se suele repartir entre ambos. Si hay más de dos, siempre alguno se lleva una porción más pequeña. Dicen que el cariño de los padres es infinito, que tienen para todos los hijos, y a lo mejor deberíamos conformarnos con el que nos dan, que ya es mucho, pero siempre queremos más, queremos ser los más queridos, ser los primeros, ser los mejores, porque en el fondo todos somos ególatras.

---

1 Medianos repetidos: teoría de la autora según la cual los hijos medianos que se repiten en género dentro de la familia cerrada reciben poca atención por parte de sus padres y generalmente se sienten faltos de afecto. Este déficit provoca diferentes trastornos (no necesariamente negativos), que en muchos casos perduran durante toda la vida.

»Mis padres me están ayudando, sobre todo mi madre, pero no creo que pueda cambiar unos sentimientos forjados en mi niñez y adolescencia; es como si lo que sientes en esa época se quedase grabado en tu cabeza y tu corazón para toda la vida.

»Mamá lo está pasando muy mal. Sufre por la pérdida de su único nieto, y sufre muchísimo por mí, pero aquí estoy yo contándole que era hija mediana como si no me valiese con su cariño, como si no fuese suficiente. Debería quererla con locura, no debería juzgarla, pero de alguna manera todos lo hacemos; todos terminamos juzgando a nuestros padres, o incluso aprendemos a perdonarlos, como leí alguna vez, sin pensar que lo han hecho lo mejor que han sabido y podido.

»La verdad es que es mucho mejor querer que ser querido. Querer te libera del peso de tu egolatría, pero si hacemos una encuesta, la mayoría prefiere ser querido a querer, lo que es muy triste y sobre todo muy egoísta. Yo siempre me he jactado de lo contrario y he afirmado que prefiero querer a ser querida, pero a lo mejor me miento a mí misma y también prefiero que me quieran; no sé por qué iba a ser distinta de la mayoría; nunca he creído que lo fuera.

»Cuando estaba peor lo veía todo negro. De repente entendí perfectamente lo que significaba esa frase; es curioso cómo en un instante el lenguaje adquiere sentido. Yo veía todo oscuro, negro, como dice la expresión. Le decía a mamá que me ayudara a encender el mundo; la pobre no paraba de dar todas las luces, de subir todas las persianas. Nunca me entendió, ni cuando estaba cuerda. Imagínese ahora...

»En su caso, usted dice que piensa que su hijo siempre se ha dado cuenta de sus sentimientos, pero puede que no sea así. Mi hermana pequeña dice que yo siempre he sido la favorita de mi padre y que cualquiera puede verlo. Yo, sin embargo, nunca lo he sentido de esa manera y siempre me he sentido falta de cariño. Probablemente necesitaba más mimos que mis hermanos por mi carácter, pero mis padres no lo vieron y yo seguramente no veo lo que dice mi hermana. «Nada es verdad ni mentira, todo es según el color del cristal con que se mira». Es mi refrán favorito. A lo mejor su hijo jamás pensó en que usted hubiese preferido su muerte a la de su hermana y su madre. ¿Por qué iba a pensarlo? Y, además, si no hubieran muerto ellas y hubiera muerto él, su hijo pequeño, su hijo varón, ¿sería capaz de afirmar que no hubiese pensado lo mismo, pero de su esposa o de su hija? Es imposible saberlo.

–Vaya, Henar, creo que ya estás empezando a ayudarme. Nunca había contemplado las cosas desde ese punto de vista. Pienso que debes incorporarte lo antes posible. El destino ha querido que nos ayudemos mutuamente.

–Bartolomé dice que estoy preparada, pero yo no lo sé. La oscuridad me persigue, es lo que siento... Todo continúa terriblemente oscuro. De todas formas le agradezco que me haya recibido para esta entrevista; eso ha hecho que me bajen la medicación prácticamente a la mitad, y aunque todo me duele más, me siento mejor... Y además hoy ha pasado algo en la sala de espera con un loro, la recepcionista y el director de la zona noreste que me ha hecho reír. Me he reído después de mucho tiempo y esa sensación me ha gustado mucho. Duermo mal, como mal, me aíslo de la realidad, pero quizá el trabajo pueda ayudarme; la verdad es que no lo sé.

–Estoy seguro de ello, y también de que estarás a la altura. Como te dije antes, tu currículo y tus referencias son extraordinarias. Debes intentarlo; yo te ayudaré.

–¿Lo ha pensado bien? Una cosa es que compartamos experiencias en una terapia de grupo de dos y otra muy diferente es que ponga la dirección de las personas de su empresa en mis manos. Es un puesto de mucha responsabilidad. Lo sé porque, aunque soy joven, lo ejercí durante tres años. Me he estado informando sobre esta empresa. Es una compañía madura, con profesionales de mucha experiencia y yo acabo de cumplir treinta y cinco años. Mi última empresa era tecnológica, y ya sabe que en esas organizaciones no hay «maduros»; todos son jóvenes. Yo era de las mayores, y, no sé cómo explicarlo, pero me da la sensación de que era una empresa más sencilla.

–Nosotros necesitamos darle un giro total al departamento de Personal, y además te aseguro que aquí no serás mayor. De hecho, con tu incorporación bajaremos notablemente la media de edad de la plantilla.

–En otro momento de mi vida estoy segura de que lo podría haber hecho muy bien. Es un proyecto apasionante, pero seguro que puede encontrar profesionales más adecuados que yo para asumir la posición de director de Recursos Humanos, o por lo menos que no estén viviendo un momento tan complicado.

–Bueno, con independencia de la terapia que podamos compartir, profesionalmente creo que estás muy cerca de lo que estamos buscando, y además lo necesitas. A mí alguien me tendió la mano cuando más lo requería, y yo de vez en cuando tiendo también algunas.

–¿Solo de vez en cuando? ¿No acostumbra a ayudar a sus empleados? ¿No es entonces un filántropo laboral?

–Ni laboral, ni no laboral; desde luego no soy un filántropo. Yo solamente ayudo en algunas ocasiones. No creo ni en la caridad, ni en la beneficencia, ni en las ONG. Tampoco en las demás formas de ayudar al prójimo que desgravan en Hacienda. Con ello los hombres tratan de lavar su conciencia y tranquilizar su alma; realmente no quieren ayudar a nadie más que a sí mismos, y de paso obtienen beneficios fiscales.

»Yo de vez en cuando ayudo a personas, no a muchas. Solo a unas cuantas que, por casualidad o sin ella, se cruzan en mi vida, como tú. Eso me hace sentir bien, y si de paso alguien se beneficia de ello, me parece algo justo. ¿No crees? A lo mejor no soy diferente de los desgravadores del fisco de los que te hablaba, pero yo por lo menos ayudo a personas que conozco, y eso me parece importante.

»Tengo un vecino muy rico. Suele dar mucho dinero en la iglesia, cuando pasan el cepillo los domingos. Hasta doscientos euros ha dado alguna vez, según me ha dicho la chica que tengo en casa, que es muy religiosa y no se pierde la misa del domingo a las once, donde coincide con él. Pues bien, no consigue que ninguna interna le dure más de un mes; no les deja comer, no les deja ducharse... piensa que todas gastan mucha comida, mucha agua y mucho gas.

»Yo ayudo a algunas personas, y por supuesto no le amargo la vida a nadie de mi entorno. O por lo menos lo intento.

»Pero no te quiero aburrir con mis diatribas. ¿Qué opinas tú? Me han dicho que te gusta ayudar y que en el sanatorio siempre estás haciendo favores a los demás.

–Realmente me gustaba. Siento que he venido a este mundo para hacer el bien, y siempre lo he intentado, pero en este momento no puedo. Lo que hago en la clínica psiquiátrica no tiene importancia; son pequeños papeleos relacionados con las bajas médicas. Trato de ayudar a los enfermos a solicitar una invalidez permanente cuando no se trata de una cosa temporal, pero poco más puedo hacer. Tengo que ayudarme a mí misma primero, y de momento la oscuridad no me lo está poniendo fácil.

Mientras conversaba con el doctor Aguilar me fijé en una fotografía que tenía en su mesa, un poco oculta entre otros objetos. Lo reconocí de inmediato, aunque hacía años que no pensaba en él, desde que era una pre-adolescente, y de eso había pasado ya mucho tiempo. Tenía la misma melena rubia, los mismos ojos claros y el mismo gesto serio que en mis sueños. No me sorprendí; ya no me sorprendía nada. Aunque hasta ese día solamente lo había imaginado, ya hacía tiempo que sabía que imaginación, sueño y realidad, pasado y futuro, tiempo y espacio, eran solo sustantivos con los que nombramos estados que a lo mejor no son tan distintos. Por supuesto no entendía los conceptos abstractos; nunca pude comprender la física más básica, los «años luz», «la teoría de la relatividad». Todo esto para mí era absolutamente incomprensible, pero sabía que la física cuántica lo explicaba muy bien, y yo tenía un enorme respeto por los físicos (estos sí que son listos, y no los de ADE, que sin embargo son los profesionales más demandados por el mercado de trabajo actual).

Además, yo no era de las personas que no creían lo que no podían entender; más bien al contrario. Yo entendía muchas cosas que a los demás les resultaban incomprensibles porque no eran capaces de mirar el mundo con otras gafas. Yo sí podía. Por eso no me extrañó ver al hombre de mis sueños, al príncipe azul con el que soñaba de niña, en una foto en la mesa de despacho de la persona que me estaba haciendo la entrevista para un trabajo que tal vez podría ayudarme a salir de la locura. ¡Qué raro era todo!

–Es su hijo ¿verdad? –me atreví a preguntarle al doctor, señalándole la foto–. Es médico como usted, ¿no es cierto?

–Sí, ¿lo conoce?

–Creo que lo conocí hace muchos años –contesté, omitiendo por supuesto que solo lo había visto en mis sueños.

–Pues no sé... Él estudió en Alemania. Mi mujer era de allí; lo mandé con mi suegra después de la muerte de su madre y de su hermana; decidí que era lo mejor para los dos. Yo no estaba en condiciones de cuidarlo. Luego allí pasó mucho tiempo en un internado. No volvió hasta que empezó la carrera de medicina, aquí en Madrid, aunque después completó su formación en Estados Unidos... Pero puede ser que lo hayas conocido; como dicen que todos los seres humanos estamos conectados por un máximo de seis personas... ¿Crees en esa teoría? A mí la verdad es que me resulta difícil encontrar los seis vínculos que me unen con un niño que nació ayer en un pueblo remoto de la India...

–¿Se llama Carlos, verdad? –lo interrumpí...

–Sí, Carlos, como yo. Carlos Aguilar junior –me dijo el doctor al tiempo que me acercaba la foto–, aunque todo el mundo lo conoce por Charlie, cosa que no entiendo. En Alemania le decían Karl; no sé de dónde salió lo de Charlie. Pero, en fin, así le llaman...

En la fotografía aparecía en algún lugar de África, rodeado de niños de ojos grandes muy oscuros y tripas gordas, como en las fotos de UNICEF. Llevaba al cuello la misma cruz de madera que yo le había puesto de niña en mis sueños, al estilo hippy de los años setenta. Esto sí que me inquietó un poco: tanto detalle, la profesión, el nombre, la cruz... Ahora tenía claro que no lo pude inventar; posiblemente nos conocimos en otra dimensión de la realidad, en un universo paralelo, dentro del multiverso en el que vivimos, si no era imposible tanta coincidencia.

–¿Dónde está? –pregunté.

–En el Congo; tiene un pequeño hospital allí, que por supuesto yo financio. Desperdicia su talento ayudando a gente que lo aniquilaría sin remordimiento para quitarle el móvil o por el simple placer de hacerlo, que es todavía peor. Son auténticos salvajes.

»Es ginecólogo como yo y atiende muchos partos. Eso sí, su especialidad desde luego la ejerce, aunque sea en condiciones precarias. Pero también es pediatra, cirujano, traumatólogo, y hasta dentista algunas veces. Lo que más le gusta es trabajar con los niños, aunque no sé por qué, cuando crecen se vuelven tan salvajes como sus padres; no tienen solución.

Empecé a sentirme mal; el día me estaba superando. Primero la alucinación de mi marido en el metro, luego el loro gigante, más tarde la entrevista de selección convertida en terapia de grupo con el entrevistador, y ahora «el príncipe azul que yo soñé», reapareciendo de entre mis sueños, como en un libro de ciencia ficción con tintes románticos. Terminé como pude la entrevista, le pedí al Dr. Aguilar unos días para pensarlo y salí del hospital confusa y aturdida.

Pasé por delante de la recepción. Antes había pensado preguntarle a Amelia por el significado de la escena del loro, pero ya no tenía ganas de hacerlo. Decidí volver rápido al manicomio. ¿O acaso el manicomio era este? Cuando salí a la calle todo estaba completamente negro. ¡Otra maldita noche sin luna!

* * *

Carlos Aguilar dedicó un momento a reflexionar sobre su decisión de contratar a Henar Márquez. Cuando Bartolomé le había hablado de ella había tenido la intuición de que sería una mujer importante en su vida. Lo sabía porque no le solía pasar aquello; quizás había sentido algo parecido dos o tres veces como máximo en la vida y cada una de ellas lo intuido se había hecho realidad.

Desde luego le había causado una excelente impresión, y no por su currículo, que apenas había ojeado, ni por las «excelentes referencias», que nunca había pedido. Le había gustado ella a pesar de su fragilidad emocional (que sabía que sería temporal, aunque duradera) y de ese aire «disperso» que la acompañaba.

Era verdad lo que él le había contado, y creía que podían compartir muchas cosas. Pero no la iba a contratar por eso nada más; realmente pensaba que lo podía hacer muy bien. Por supuesto tendría que ocultarles a sus socios que venía directamente del manicomio o pensarían que el que había perdido la cabeza era él, pero eso no le preocupaba. Sabía que podía contar con Cecilia y que entre los dos sumaban mayoría en el Consejo. Además, iba a aprovechar la reciente baja por riesgo de embarazo de Berta, la directora financiera, que seguro que, de estar en activo, querría verla y la descartaría en el primer minuto de entrevista, porque odiaba a cualquier mujer que pensase que le podía hacer sombra. Con Berta de baja todo sería más fácil. Además, tampoco podría oponerse abiertamente, ya que había sido la principal detractora de Manuel, el director de Personal, y no había parado hasta conseguir su jubilación anticipada.

A Aguilar no le había molestado esta decisión. Manuel no era más que otro acólito de su socio, Ángel Aznar. No era mala persona, y eso era un plus importante en el comité de dirección, pero, aunque odiaba darle la razón a Berta, se había hecho mayor, y no había sabido adaptarse a los cambios que un departamento tan importante como el de personal requería. No quería ni oír hablar de talento, desarrollo de personas, formación; ni siguiera de prevención de riesgos laborales. Solo le importaban la nómina (en la que, por cierto, cada vez había más errores), las sanciones, los despidos, los sindicatos... Era un jefe de personal a la vieja usanza. Un cambio de líder en su departamento era necesario y estaba seguro de haber dado con la persona adecuada. Esa intuición que le había ayudado ocasionalmente en la vida le decía que iba a ser así.

Siempre se le había dado bien la selección de personal, aunque no sabía explicar por qué. Había contratado a muchos profesionales de todo tipo, no solo sanitarios, y se había equivocado en poquísimas ocasiones. Además, con Henar había algo más; tenía la impresión de que había venido para arreglar mucho más que el departamento de Recursos Humanos de la clínica Los Tres Ases; había sentido que podía mejorar su propia vida. Había sido una sensación extraña y muy difícil de explicar.

Para venir directamente de un hospital psiquiátrico había hecho muy bien la entrevista. Solamente al final había perdido un poco la compostura cuando vio la foto de su hijo; no solo parecía que lo conocía, sino que por un momento había tenido la impresión de que algo había pasado entre ellos. Todas aquellas preguntas por su parte, y los nervios que le habían entrado con las respuestas, habían provocado una situación un poco rara. En fin, seguro que terminaría enterándose del motivo. Como decía el refrán: «No preguntes por saber, que el tiempo te lo dirá».

III. LOS BUENOS, LOS MALOS Y LOS «NI BUENOS NI MALOS»

Por supuesto la incorporación no fue fácil. En la clínica psiquiátrica me fueron reduciendo la medicación cada vez más, salí del hospital y me fui a vivir con mi madre. Más o menos un mes después de la entrevista comencé a trabajar en mi nuevo empleo.

Lo que mis compañeros conocían o no de mí nunca lo supe con exactitud, pero no me recibieron bien. Manuel, el jefe de Personal al que iba a sustituir, era una persona querida por algunos e ignorada por la mayoría. Sin embargo, en estos casos, ante una «supuesta situación de injusticia», ya que le proponían una jubilación anticipada no querida por él, se hizo una especie de «piña» en torno a su persona y de rechazo a la mía.

Alguien me contó una vez que en cualquier grupo social hay el mismo porcentaje de buenos, de malos y de «ni buenos ni malos». Más o menos un diez por ciento de malos malísimos, otro diez por ciento de buenos buenísimos y un ochenta por ciento que son más o menos buenos o más o menos malos dependiendo de las circunstancias, pero que, por mucho empeño que pusieran, no podrían alcanzar a los otros dos grupos en maldad o bondad.

De acuerdo a la misma teoría, estos porcentajes, que se dan igual en todos los grupos sociales, cambian totalmente en las empresas donde, según se va ascendiendo, desaparecen los buenos y se reducen notablemente los «ni buenos, ni malos». En la mayoría de los comités de dirección de las grandes compañías, el ochenta por ciento son malos y el veinte restante «ni buenos ni malos»; buenos no hay ninguno, e incluso hay comités de dirección cuyos miembros son todos «malos malísimos».

Yo, que he conocido bien la locura, la mía y la de mis compañeros de manicomio, discrepo de esta teoría. En el mundo padece trastornos mentales aproximadamente un veinticinco por ciento de la población, es decir, uno de cada cuatro (aunque estos porcentajes son un poco más bajos en España). Por lo menos el diez por ciento tiene trastornos graves, y a estos en su mayoría les da por hacer daño, a sí mismos o a los demás. No sé por qué tienen esa manía, pero la verdad es que a pocos locos les da por hacer el bien. Muchos de ellos no hacen nada, solo se toman la medicación (y no hacer nada no es hacer el bien), otros se suicidan, haciendo muchísimo daño a sus seres queridos, y algunos hay también que la toman con los demás: insultan, agreden y, en ocasiones (afortunadamente las menos), incluso matan. Por lo tanto, si al diez por ciento de malos le sumamos un dos con cinco por ciento de locos que hacen el mal por su enfermedad y que no están computados en el grupo anterior, tenemos ya más de un doce por ciento en el lado malvado de la teoría.

Y si hablamos de «buenos buenísimos», pues la verdad es que no he conocido a ninguno en mis treinta y cinco años de vida, y aunque no dudo de su existencia, seguro que son menos del diez por ciento, porque, de lo contrario, por pura estadística yo habría tenido que conocer ya a bastantes, y no es el caso. Hasta algunos «buenos buenísimos» oficiales como Gandhi no lo fue tanto, si tenemos en cuenta que fue un mal padre y un mal marido, es decir, fue bueno con la humanidad, que no se lo había pedido (acostumbrada como estaba al horror y a la guerra), y fue malo con su propia familia, que era con quien tenía la obligación principal de ser bueno. Practicaba el celibato y no se acostaba con su mujer, pero dormía con niñas desnudas. Luchaba por los derechos de su pueblo, pero no parecía estar demasiado preocupado por el bienestar de sus hijos, de los que no sabía casi nada. En mi opinión Gandhi no fue tan bueno, y lo descarto del grupo de los «buenos buenísimos». Después de leer su biografía no quise leer sobre Vicente Ferrer o la madre Teresa de Calcuta. No estoy preparada para descubrir que a lo mejor también tenían un lado oscuro desconocido para la mayoría. Prefiero pensar que estos sí son «buenos buenísimos», pero aun incluyéndolos en la estadística no veo la forma en la que se puede llegar al diez por ciento.

Yo pienso que el problema radica en que consideramos buenos a lo que no son malos, y eso es un craso error. «La bondad no es la ausencia de maldad»; en todo caso el no ser malo con los demás sería un primer paso para ser bueno, como pensaba Rousseau, solo un primer paso.

Desgraciadamente, la mayoría no lo percibe de esa manera. En la época en la que más me dediqué a la selección lo pude ver. Cuando preguntaba por las fortalezas, muchos candidatos me decían que eran muy buenas personas, pero cuando les preguntaba que por qué, que si hacían voluntariado, colaboraban con alguna ONG, visitaban a sus abuelos en la residencia o recogían animales abandonados, nunca respondían que sí. Se creían buenos porque practicaban alguna arte marcial, o porque corrían, porque veían series en televisión, o jugaban a videojuegos, es decir, porque no hacían nada malo contra la sociedad y eso les hacía sentirse muy buenas personas. Era patético. Tengo que decir que la mayoría de los candidatos que se creían «muy buenos» eran chicos jóvenes que estaban encantados de conocerse, probablemente porque estaban hartos de oírles a sus madres lo buenísimos que eran, sobre todo en comparación con las arpías de las mujeres que se los iban a robar. Todo horrible, la verdad. Y esto no lo digo por feminismo, aunque sea una feminista convencida; es solo una experiencia vivida.

Por lo tanto, y rebatiendo la teoría del diez por ciento de buenos y malos, si ya tenemos a más de un doce por ciento de malos, y reducimos el porcentaje de buenos al cinco (que me sigue pareciendo alto), nos queda un ochenta y tres por ciento de «personas corrientes, buenas o malas según las circunstancias».

Con mi incorporación a la empresa, y la jubilación forzosa de Manuel, se comportaron mal conmigo un ochenta y tres por ciento de «ni buenos ni malos», más o menos un cinco por ciento se portó bien (puede coincidir con los «buenos buenísimos») y la mayoría de los «malos malísimos» (entre ellos «El demonio») se comportó fenomenal conmigo. Por alguna extraña razón a ese colectivo siempre les he gustado. A mí los malos no me gustan, pero yo a ellos sí.

En mi primer mes en la empresa trabajé con Manuel; luego le hicieron una bonita fiesta de jubilación, y, transcurrido otro mes, parecía que nunca había trabajado allí. No había nada personal contra su persona; sencillamente esto siempre es igual. Trascurrido un breve período desde tu salida de una compañía pareciera que nunca hubieras trabajado en ella. Así es el entorno laboral.

En la clínica Los Tres Ases, el departamento de Recursos Humanos realmente no existía. La selección la hacía Carlos Aguilar; la administración de personal estaba externalizada en una asesoría laboral; la formación era solamente sanitaria; la prevención de riesgos laborales estaba integrada en el departamento de calidad, y hablar de desarrollo y talento en esa compañía era como hablar del sexo de los ángeles, es decir una pérdida de tiempo absoluta. Realmente, allí hacían la nómina y la contabilizaban. Manuel, que había empezado como contable, había convertido el departamento de Personal en un centro de cálculo destinado a reportar los costes laborales a Berta Hernández, la directora financiera. Si lo conocían como jefe de personal era porque se encargaba de dar las sanciones que le preparaban los abogados externos si había algún incumplimiento grave, y porque a principios de año negociaba el calendario laboral y las vacaciones con los representantes de los trabajadores.

Transformar todo aquello no iba a ser una tarea fácil.

En el departamento había dos personas ayudando a Manuel: Luis, que llevaba siete años en la empresa y se había postulado como sucesor al puesto de jefe de personal, sin éxito, y Dolores, a la que los otros dos trataban como becaria, aunque llevaba ya tres años con ellos. Luis me odió desde el primer día de mi incorporación, o incluso antes, desde el mismo momento en el que le dijeron que no tenía ninguna oportunidad de ocupar la posición de su jefe. Imagino que en el fondo no tenía nada personal contra mí, pero lo mismo da, porque se portó conmigo como un auténtico cerdo.

En cuanto a Dolores, era más o menos amable, pero no paraba de decirme lo injusta que había sido la empresa con Manuel, al que parecía tener un cariño sincero. Tenía un carácter inestable, o más bien ciclotímico, que le hacía ser encantadora o tristona, dependiendo del día, o incluso de la hora.

Los problemas que había habido con los pagos en los últimos meses motivaron el que las primeras semanas me las pasase repasando transferencias, analizando costes y estableciendo procedimientos de control y reporte que no exístían hasta mi llegada.

Trabajaba doce horas diarias con el apoyo de Dolores, a la que tuve que enseñarle hasta la diferencia entre el bruto y el neto en una nómina, pero que estuvo a la altura de las circunstancias. Luis mientras tanto saboteaba mi trabajo, y hablaba mal de mí a todo el que quisiera escucharlo, que eran la mayoría.

Ellos dos todos los días comían con los no sanitarios, un grupo pequeño para el tamaño de la empresa, y sobre todo heterogéneo: Marketing, Finanzas, Servicios Generales, Mantenimiento; en definitiva, todos los que no se dedicaban a la sanidad. Yo la primera semana comí un día con Aguilar, y otro con él y Aznar; el resto de los días fui a comer con ellos también, pero no estuve a gusto. Aparte de hacerme sentir como que sobraba, se pasaban el tiempo criticando a todo el mundo: al comité de dirección, a los médicos, a las enfermeras, a los propios «no sanitarios» que no habían ido a trabajar ese día; en fin, tenían un comportamiento que ya había visto en otras organizaciones y que no me gustaba, aunque es una práctica muy común en los grupos humanos que tienen pocas cosas que compartir o comentar. El grupo me excluyó enseguida, o a lo mejor fui yo la que los excluyó a ellos, quién sabe; al final seguramente habría un poco de las dos cosas.

En esta empresa, como en muchas otras, había demasiados zombis profesionales, gente que está profesionalmente muerta pero no lo sabe. Se caracterizan por estar siempre criticando a la empresa, a los compañeros o a los jefes, pero no hacen nada por cambiar su situación. Lo cierto es que todos tienen algo en común y es que se alimentan de la energía de los demás, por lo que conviene alejarse de ellos.[2]

Pero es curioso cómo el ser humano necesita pertenecer al grupo, aunque este no le guste, o incluso aunque lo deteste. Y es curioso también cómo el grupo necesita excluir a alguien del mismo; da igual a quién, o cuál sea el motivo, pero la exclusión parece inferir cierta importancia a los integrantes de cualquier agrupación y les hace sentirse seguros. Esta discriminación grupal se da desde la guardería hasta las residencias de ancianos. Los individuos se agrupan, llegan nuevas personas que quieren entrar en estos grupos y ellos admiten a algunas sí y a otras no, y en ocasiones hacen

---

2 Reflexión basadas en el libro *Líder Sherpa* de Andrés Pérez Monzón y Francisco Javier Cantera Herrero.

expulsiones. El por qué alguien no es admitido en el grupo, o incluso es expulsado del mismo, nunca queda claro, pero normalmente no suele tener mucho sentido. A veces se excluye a los más guapos o a los más listos por envidia; otras veces se excluye al raro o al diferente por incomprensión y en ocasiones se excluye al insoportable, porque no hay quien lo soporte (esto, aunque no esté bien, por lo menos tiene una explicación más razonable).

También es una práctica muy común excluir a los nuevos. ¿Y por qué? Pues por llegar después, y aunque sea totalmente absurdo, se da en los colegios, las universidades y en casi todas las empresas, por muchos planes de acogida que se inventen.

Otra generalidad que se produce es que casi nunca se excluye de los grupos a los «malos malísimos», que suelen estar bien vistos y que en muchos casos se convierten en los líderes.

A mí la verdad es que estos procesos, además de pesadísimos, me parecen de una crueldad enorme, y sobre todo gratuita, ya que con ello no se consigue nada más que herir y hacer daño, y no se recibe ninguna contraprestación a cambio. Es cierto que algunos individuos no pueden encajar en ningún grupo y son sistemáticamente excluidos de todos ellos porque son raros rarísimos, asociales, extraordinariamente inteligentes, locos de remate, etc., pero en la mayoría de los casos, la admisión o no en una agrupación no depende de la persona, sino de las circunstancias. En muchas ocasiones basta con cambiar de colegio, o de vecindario, o de empresa, para dejar de ser excluido y pasar a ser uno más.

Siempre recuerdo a una amiga de mi hermana que de pequeña era gordita; sus compañeros la llamaban la niña elefante. Con el paso del tiempo fue adelgazando, pero la imagen que los demás tenían de ella no se modificaba. Siempre la excluían, pero ni ella ni sus padres querían un cambio de colegio. Finalmente, ya pre-adolescente, se cambió de escuela y en la nueva se convirtió en la más popular de la clase. Era lista, simpática, guapa y delgada. Siempre me pregunté cuántos años de sufrimiento gratuito tuvo esa niña cuando el cambio al final había sido tan fácil y salió tan bien.

Sin embargo, normalmente no es sencillo cambiar de grupo; en general es un proceso complicado, y la mayoría de los seres humanos, si no son aceptados por la tribu que les va tocando en cada ciclo vital se adaptan a la marginación y continúan con su vida.

En la clínica Los Tres Ases era la segunda vez que me había sentido excluida del grupo. La primera había sido cuando estudiaba la carrera de Derecho en la universidad privada más cara de Madrid. Hasta ese momento había sido muy popular en todos los grupos sociales de los que había formado parte: en los dos barrios en los que había vivido, en el pueblo de mis padres donde pasaba mis vacaciones, y en los tres colegios a los que había ido antes de empezar la facultad.

Pero en la escuela privada donde pasé cinco años estudiando Derecho no podía encajar. Mis padres tenían una posición acomodada para el barrio de Aluche donde me había criado, pero comparados con los padres de mis compañeros de clase los míos eran pobres de solemnidad, unos paletos absolutos y completamente analfabetos. Yo no frecuentaba los sitios de moda llenos de famosos a los que ellos acudían, no iba a sus peluquerías, de las que ni siquiera había oído hablar, no compartía ni sus opiniones políticas ni religiosas, y ni siquiera teníamos los mismos gustos musicales, a pesar de ser de la misma generación. Sin embargo, aquello no me hizo demasiado daño. Yo ya salía con mi marido y teníamos nuestros amigos. Tenía mi propia vida plena y feliz. Allí solamente pasaba algunas horas y no me preocupaba demasiado lo que veía u oía. Además, hice muy buenas amigas, que luego estuvieron siempre a mi lado. Por lo tanto no era tan malo. No encajaba en la clase en general, pero sí con mi mini grupo.

Poco antes del accidente me invitaron a una cena para celebrar que habían pasado diez años desde que terminamos la carrera. No sé por qué fui, pero allí estuve. Pocos asistieron, no más de veinte, pero me encantó comprobar que yo era la que tenía el mejor trabajo. Por supuesto no era la más lista; había sido una estudiante media, no tenía influencias, había conseguido todos mis trabajos sin ningún tipo de enchufe y pasado duros procesos de selección, pero había trabajado muchísimo y me había ido bien, mejor que a los demás. Esas pequeñas victorias te hacen la vida mucho más agradable.

Lo que sentí en la clínica Los Tres Ases fue diferente. Me sentía excluida, me sentía sola en un momento de mi vida en el que necesitaba mucho apoyo. La mayoría, si no todos, tenían que saber por lo que había pasado, y, sin embargo, no mostraron ningún tipo de compasión; al revés, algunos de ellos creo que incluso se reían de mi pena.

Tengo que reconocer que, a pesar de la dureza del manicomio, allí me sentía mejor. Tenía el apoyo de los doctores, las enfermeras, la sicóloga, e hice amigos entrañables entre los esquizofrénicos, los paranoicos, los bipolares y los depresivos. Allí había encajado mejor que en mi nueva empresa y darme cuenta de ello estaba siendo realmente duro para mí.

Pero, a pesar de todo, mi reincorporación laboral me liberó en parte de los pensamientos obsesivos que me llevaban una y otra vez hacia mi pequeño hijo muerto. También cuando llegaba a casa le comentaba a mi madre lo acontecido durante el día, como cuando era pequeña y volvía del colegio. Los compañeros no me estaban ayudando demasiado, pero el trabajo sí. Durante un montón de horas mi pensamiento se centraba en todo lo que tenía que hacer y llegaba mentalmente agotada. Dormía mejor y las pesadillas ya no venían a visitarme todas las noches. Además, a veces hasta conseguía entretenerme pensando en lo complicado que era el ser humano. Todavía no entendía nada de lo que había pasado con la escena del loro, pero a veces pensaba en ese día y sonreía.

IV. LOS TRES ASES

La clínica Los Tres Ases la fundaron tres amigos que se habían conocido en la facultad de medicina: Carlos Aguilar, Ángel Aznar y Cecilia Albéniz, más tarde conocidos como «El águila», «El demonio» y «La Ceci». Los grupos de prácticas se organizaban por orden alfabético y el azar; el destino o el cálculo de probabilidades unió a estas tres personas en uno de ellos y las conectó para el resto de sus vidas.

Parece que los dos chicos se enamoraron de Cecilia, la chica más guapa de la universidad, y ella eligió a Aznar. Carlos lo aceptó más o menos deportivamente, sobre todo a partir de conocer poco después en una fiesta universitaria a la que luego sería su mujer: una chica alemana de la facultad de Bellas Artes, que pasaba un año en Madrid y que era totalmente diferente a Cecilia.

Durante el primer año de carrera, los tres amigos se hicieron inseparables, pero cuando terminó el primer curso ella abandonó los estudios de medicina, a pesar de haber aprobado todas las asignaturas, y se matriculó en enfermería. La chica no estaba dispuesta a realizar el sacrificio que su primera opción académica requería y a renunciar a los desfiles de moda para los que era contratada ocasionalmente. Terminó su nueva carrera con menos esfuerzo y empezó a trabajar enseguida en una clínica de cirugía estética a la que eran asiduas sus compañeras modelos más mayores.

En cuanto los dos amigos finalizaron su grado, y sin haber concluido todavía la especialidad, los tres crearon la clínica Los Tres Ases, destinada inicialmente a tratamientos médico-estéticos. Cecilia conocía el mercado y tenía muchos contactos. Esos fueron sus comienzos.

Cecilia y Ángel se casaron y se divorciaron quince años después, cuando ella descubrió que su marido iba a tener un hijo con su última amante. Hasta ese momento él había tenido muchas aventuras, pero ninguna seria, o al menos eso pensaba Cecilia, a la que le cogió completamente desprevenida la última infidelidad, con paternidad incluida, de su esposo con una residente quince años más joven.

Cecilia le preparó las maletas y se las dejó en la puerta de la casa. Dentro iba toda la ropa de Aznar, pero perfectamente cortada en pequeños trozos con unas tijeras; los trajes, las camisas, las corbatas, y hasta los calzoncillos y los calcetines habían sido cortados en pequeños pedazos. «El demonio» odiaba comprarse ropa más que cualquier otra cosa en el mundo, y su mujer, que lo sabía perfectamente, decidió vengarse de él de aquella manera (una venganza muy pobre, pero bastante molesta para Aznar).

El matrimonio había durado quince años, y quince años se llevarían también las dos hijas de Ángel. La amante, que luego se convertiría en su segunda esposa, era quince años más joven que Cecilia, así es que la mujer comenzó a odiar el número quince y lo hizo quitar de las habitaciones de la clínica. Decía que ese número, popularmente denominado «la niña bonita», le daba mala suerte.

Tras el accidente de la esposa y la hija de Carlos Aguilar, este quedó sumido en una fortísima depresión y abandonó por completo tanto su trabajo como ginecólogo en la Seguridad Social como el que realizaba en Los Tres Ases, centrado sobre todo en labores de gestión. Fue entonces cuando Aznar le dio un giro al hospital, y amparado en la especialidad y en los conocimientos de su segunda mujer, abordaron el tema de la reproducción asistida. A partir de ese momento la clínica comenzó a ser realmente rentable.

Ángel sabía que la posición económica que habían conseguido los tres socios se la debían a él, pero la sociedad limitada, inicialmente constituida por los tres amigos a partes iguales, hizo igualmente ricos a su ex-mujer y a su amigo depresivo. Ya se había resignado. La parte de Cecilia pasaría a su hija mayor, que terminaría además heredando una parte de la suya, pero esto ocasionó demasiados problemas con su segunda esposa, que quería el mismo dinero para su segunda hija y que alegaba que el éxito de la clínica se debía a sus conocimientos y buen hacer.

Al final, de tanto visitar a los abogados para tratar de solucionar el problema y conseguir una distribución más equilibrada entre las futuras herencias de sus dos hijas, Aznar terminó liándose con una pasante del despacho treinta años más joven que él. La doctora, que con sus conocimientos había propiciado el lanzamiento de la clínica Los Tres Ases al éxito absoluto, fue despedida por su propio marido y sustituida por una eminencia internacional en la materia. Al año siguiente nadie la recordaba y el hospital facturaba cada día más. Las empresas son así; tienen todavía menos memoria que las personas y sobre todo cuando les conviene.

Aznar, sin embargo, no podía controlar la empresa a la que había llevado al éxito, porque Cecilia se había empeñado en llevarle la contraria en todas sus propuestas con el único objeto de fastidiarlo. El apoyo incondicional de Carlos en los primeros tiempos de depresión fue disminuyendo a medida que su salud y su ánimo se iban recuperando. Además, Cecilia le había ayudado mucho después del accidente y Aguilar le estaba agradecido por ello. «El demonio» había intentado con una ampliación de capital meter a personas de su confianza en el comité de dirección, pero no alcanzaban ni de lejos la mayoría que tenían Cecilia y Carlos cuando decidían votar juntos, que era casi siempre.

Al final Aznar se resignó con el reparto de roles y de dividendos, y más o menos llegaron a una entente cordial: él era realmente lo que en otra empresa sería el CEO, gestionaba directamente las operaciones (las no quirúrgicas) y el marketing de la compañía; Aguilar se ocupaba de la dirección médica (que, paradójicamente, no era tan importante) y gestionaba a las personas; es decir decidía la organización del negocio, las contrataciones, y hasta hacía muy poco se encargaba también de atender los problemas legales; Cecilia teóricamente era la directora de enfermería (el grupo más numeroso e importante del hospital), aunque en la práctica había delegado su puesto en una persona de su confianza y no aparecía casi nunca por la clínica; desde su divorcio de Aznar era prácticamente una socia capitalista nada más.

En el momento de mi incorporación, además de «los tres ases», formaban parte de la junta directiva: Jordi Salisachs (director de las clínicas de Barcelona y Pamplona),

Gonzalo Osborne (director de la clínica de Marbella), Berta Hernández (directora financiera), Regina Calvo (directora de Legal) y Manuel Blázquez (el director de Personal que se iba a jubilar en breve).

No tardé mucho tiempo en calificarlos según la «teoría de los buenos, los malos y los ni buenos ni malos»: Ángel, «El demonio», era malo; Carlos, «El águila», era «ni bueno ni malo»; Cecilia, «La Ceci», era «ni buena ni mala»; Jordi (el del loro) era el más bueno de todos, pero no alcanzaba a ser un «bueno buenísimo»; por lo tanto, era también «ni bueno ni malo»; Gonzalo era malo; Berta era mala; Regina era mala y Manuel era «ni bueno ni malo». De este modo, había un cincuenta por ciento de «malos malísimos» y otro cincuenta por ciento de «ni buenos ni malos». Con el retiro de Manuel ganaban los «malos malísimos» en porcentaje. Yo de momento no formaría parte del Consejo, reportaría a Carlos Aguilar jerárquicamente y funcionalmente a Berta, la directora financiera, que, aparte de mala, era anoréxica. Había conocido a una en un trabajo anterior y a muchas en el sanatorio, y francamente no hubiese querido tener que relacionarme con ninguna de ellas nunca más.

V. «EL DEMONIO»

Ángel, «El demonio», no quería en un principio que Manuel se prejubilase. El jefe de Personal era una persona de su confianza y manejaba muchísima información que luego compartía con él. Además, era uno de los miembros del comité de dirección, que servía de contrapeso a su ex-mujer y a su ex mejor amigo. Sin embargo, Berta, la directora financiera, no lo soportaba, y poco a poco fue tejiendo sus hilos y consiguió su propósito. Aprovechó algunos errores que se habían producido con las retenciones de los trabajadores declaradas a Hacienda que terminaron en una multa importante de la Agencia Tributaria, para finalmente convencer a Aznar de que lo mejor para la empresa era su prejubilación.

«El demonio» terminó cediendo y aceptó la contratación de un nuevo director de Recursos Humanos, con la condición de que no perteneciese al comité de dirección. Finalmente me seleccionaron a mí. Salvo Aguilar, nadie sabía que yo acababa de salir del manicomio.

A la semana de mi incorporación, «El águila» organizó una comida a la que fuimos los tres: «El demonio», él y yo. Aunque los dos tenían la misma edad, la vida había tratado peor a Aznar, que ya de joven era mucho menos atractivo que su amigo. Le quedaba poco pelo y había engordado mucho con los años. Sin embargo, tenía que reconocer que su sonrisa era afable y que a los cinco minutos de estar con él podías darte cuenta de que era extraordinariamente inteligente, ingenioso y divertido.

Carlos Aguilar, con su porte de actor maduro de Hollywood, hablaba poco y tenía un halo de tristeza que parecía contagiosa. De forma no premeditaba, estando con los dos siempre tendías a acercarte a Ángel. A mí me pasó en esa comida, pero posteriormente pude observar que le ocurría a casi todo el mundo. Aznar era una persona graciosa; con él casi siempre te estabas riendo, o por lo menos sonriendo, y a los seres humanos una de las cosas que más nos gustan es reír. Por eso, él, como todas las personas que poseen la habilidad de hacer reír a los demás, siempre estaba rodeado de gente que quería divertirse con sus ocurrencias.

Su especialidad médica era la psiquiatría, aunque las malas lenguas comentaban que nunca la había ejercido. Él, sin embargo, constantemente contaba anécdotas de los pacientes con enfermedades mentales que había tratado en sus comienzos. Aunque los demás sabían que todas esas historias eran inventadas les daba lo mismo; seguían escuchándolo embelesados. Era un auténtico embaucador.

Quitando el hecho de que no dejó de mirarme las tetas durante toda la comida, la velada fue bien. El jersey que llevaba no era ni escotado ni transparente, pero sí ajustado. Aunque no volví a ponérmelo para ir a trabajar, la verdad es que la culpa no la tenía el jersey; la tenía Aznar, que era uno de esos hombres a los que les gustan las mujeres de pechos grandes, y yo los tenía. No sé si fue por eso, pero le caí bien desde el principio. Comencé reportándole todas las semanas un resumen de los nuevos proyectos que poco a poco iba abordando y luego él me llamaba al despacho para discutir algunos aspectos sobre ellos. Al principio pensé que lo hacía para fastidiar a su socio, pero luego me di cuenta de que su involucración en el negocio era mucho mayor que la de Aguilar, que parecía dedicarse solamente a lo que le divertía sin prestar demasiada atención al resto.

Pronto empezamos a comer cada semana para optimizar el tiempo, que no nos sobraba a ninguno de los dos. Hablábamos de trabajo, pero también de otras cosas. Bueno, la verdad es que solo hablaba él. Me contó los inicios de la clínica, su boda, su divorcio, su segunda boda, su segundo divorcio y su tercera boda (de momento sin ruptura). También me habló de sus tres hijas, cada una de una esposa diferente y nacidas cada quince años (no me extraña que Cecilia detestase ese número). Yo nunca le contaba nada, porque no le interesaba en absoluto; era un ególatra total, pero no me importaba porque en general aprendía mucho con él cada día.

A pesar del frío recibimiento de mis compañeros y de la tensión existente entre los socios me gustaba el trabajo, que consideré un reto desde el principio, y me gustaba la empresa. Quería aprender lo más posible sobre ella, y Aznar era el que más me podía enseñar.

Mi acercamiento a Ángel no impidió que siguiese tratando asiduamente con el doctor Aguilar. Sin embargo, mi relación con él no llegaba a ser del todo profesional y terminábamos haciendo terapia de grupo a dos. A mí me ayudaba, y creo que a él también. Además, siempre me hablaba algo de su hijo, lo que sin duda era un aliciente importante para mí.

Tenía la sensación de que mis reuniones con «El águila» me ayudaban en mi proceso de recuperación sicológica, y las que tenía con «El demonio» favorecían mi recuperación profesional.

Para los empleados, Aznar era el «alma» del hospital. Era curioso; yo no tenía claro que las personas tuvieran alma, pero sí sabía que las empresas no la tenían. No podían tenerla porque el concepto de alma era positivo y en general el trabajo sacaba el lado malo de la gente. En el trabajo los individuos corrientes ocultaban sus sentimientos, fingían ser lo que no eran, mentían constantemente para protegerse o, simplemente por el hecho de mentir, ocultaban información, medraban, conspiraban... Y si esto lo hacían los «ni buenos ni malos», los malos hacían cosas muchísimo peores. Definitivamente no había alma en las organizaciones, no la había en la clínica Los Tres Ases, y de haberla habido, Ángel Aznar nunca podría haber sido parte de ella, pues él, como su apodo indicaba, era un demonio.

Poco después de conocerme me invitó a una ponencia sobre los robots en el trabajo. Yo ya había estado en alguna en mi empresa anterior y la verdad es que seguía pensando que estos aparatitos estaban bien para las películas de ciencia-ficción, pero dudaba de su aplicabilidad a las organizaciones, por lo menos a corto plazo.

Aznar sin embargo parecía entusiasmado. A la salida me preguntó mi opinión, pero no se la pude dar porque no le interesaba en absoluto, y antes de poder decir nada ya me estaba hablando de la película *Blade Runner* y de «los replicantes», y de que estaba seguro de que en poco tiempo vería como todos en el hospital serían sustituidos por robots.

–¿También los médicos? –le pregunté perpleja.

–Los médicos los primeros, ¿no te das cuenta de que ya casi todo lo hacen las máquinas, lo hacen pequeños robotitos?

–¿Y el comité de dirección?

–Perdona: estos los primeros, los médicos los segundos.

Le sonreí y pareció quedar contento. Mientras, yo pensaba como el ego podía anular de esa manera el raciocinio de una persona. Él realmente se veía como un ser único y superior, y a todos los demás como pobres individuos fácilmente sustituibles por robots. Todos, los celadores, los auxiliares, los enfermeros, los médicos y los directivos podían ser reemplazados por «aparatos más o menos desarrollados según la necesidad». Me dio miedo, la verdad. Cuando me iba para casa no pude dejar de imaginar una clínica Los Tres Ases llena de enfermeras replicantes con grandes senos diseñadas por «El demonio» a su gusto. Me daban escalofríos solo de imaginarlo... Ese día vi un amago del verdadero Ángel Aznar, que poco después podría ver en su puro estado de «malo malísimo».

A las pocas semanas de mi incorporación, Amelia, la recepcionista impertinente, cogió una baja laboral por un embarazo de riesgo. Había tenido cuatro abortos y los médicos le dieron la baja nada más conocer su estado.

Contratamos a una sustituta que hablaba inglés, alemán y catalán, además de español. El conocimiento de idiomas era muy importante en la clínica, ya que cada vez teníamos más pacientes alemanas e inglesas afincadas en España interesadas por nuestros tratamientos de fertilidad.

La sustituta era amable, eficiente y muy lista, pero tenía un problema, y es que era muy fea. La verdad es que dudé de su selección, a pesar de que me había gustado mucho en la entrevista. Creo que de alguna manera intuí lo que finalmente iba a pasar.

«El demonio» no se sentía cómodo en su presencia, pero no dijo nada hasta el día en que un amigo vino a buscarlo a la clínica para comer juntos. No sé qué tipo de comentarios o bromas le haría sobre la nueva recepcionista, pero cuando volvieron de su comida me llamó a su despacho.

–Tienes que despedir a esa sustituta mañana; no la quiero ver más aquí.

–¿Despedirla? ¿Por qué razón, si puede saberse? Es una chica extraordinariamente eficiente –dije yo.

–Lo que quieras, pero es muy fea y no la soporto.

–¿Estás de broma, verdad? –pregunté.

–Por supuesto que no. Además, te prohíbo terminantemente que contrates a ninguna mujer fea. En el mundo hay muchas mujeres guapas, y muchísimas más corrientes, y vas tú y contratas a la más horrible de todas. Pues no. No lo admito. Ahora márchate, haz tu trabajo, y hazlo bien.

–Sabe lo que le digo, Dr. Aznar, que más feo es el loro ese con el que usted está en la foto, y ahí lo tiene, para que cualquiera lo pueda contemplar. ¡A quién se le ocurre hacerse una foto con un loro! A usted, claro, que es el jefe, y por lo tanto puede hacer lo que le dé la gana y contratar a quien quiera. Tanto buscar talento ¿para qué? ¿Para que un loro se merezca un trato mucho más digno que una persona? En fin, ¡me voy!

Por supuesto no tenía que haberme metido con el pobre pájaro, que no tenía la culpa de las excentricidades de su dueño, pero es que me sacó de quicio ver su foto con «El demonio». ¿Qué clase de persona se hace una foto con un loro y la pone en su despacho? Me arrepentí inmediatamente, pero ya no tenía remedio.

Preparé la carta de finalización del período de prueba de la sustituta de Amelia y se la entregué a última hora de la tarde. Le expliqué que me obligaban a contratar a una enchufada de mucha menos valía que ella y que no me quedaba más remedio que hacerlo. No sé si me creyó o no. Por lo general odiaba mentir, pero no podía decirle la verdad; era demasiado cruel. Antes de irse me dijo que al final iba a preparar una oposición porque no tenía suerte en los trabajos. La miré con verdadera lástima porque lo que no había tenido suerte la pobre era con su cara.

Después de irse la sustituta llamé a la empresa de trabajo temporal con la que trabajábamos habitualmente y le pedí una nueva recepcionista, con un solo requisito: que fuese guapa. Al día siguiente me mandaron varias candidatas que habían elegido entre las chicas que se postulaban para trabajar como azafatas de congresos. Seleccioné a la que me pareció mejor preparada porque todas tenían muy buena presencia, y me fui al despacho del «demonio».

–Mañana se incorpora la nueva recepcionista. Eso sí, como no te guste, a la próxima la buscas tú. Siempre puedes decírselo a alguna amiga modelo de tu hija (Cecilia, la hija mayor de Aznar era modelo, como lo había sido su madre).

–No te consiento que me hables así –me contestó.

–¿No? ¿Y yo tengo que consentirte que te inmiscuyas en mis funciones de la forma en que lo has hecho? ¿Tengo que consentir que actúes de la forma cruel y mezquina que has empleado con esa mujer? Es una persona, ¿sabes? Y las personas suelen sentir y sufren si se las trata mal. Yo tengo que consentir y tú también, por muy jefe que seas; son las reglas del juego laboral.

Salí dando un portazo y me fui a mi casa. Ese día conocí al verdadero «demonio», y su crueldad me afectó mucho. Me habían contado muchas cosas de él, pero los seres humanos no nos creemos nada hasta que no lo vemos (a excepción de Dios, al que nadie ha visto pero en el que cree mucha gente). La primera vez que vi con mis propios ojos la clase de persona que era Aznar lo pasé mal, luego me acostumbré y poco a poco dejó de afectarme.

¿Qué habría hecho este hombre si hubiésemos estado en guerra y hubiese tenido una posición de poder? No lo quería ni imaginar.

Él por su parte estuvo tres semanas enfadado conmigo; no estaba acostumbrado a que nadie le hablase con franqueza. La gente le tenía mucho miedo. Yo creo que, a partir del día del despido de la mujer fea y de mi reacción, me gané su respeto. De repente un día me llamó para comer, como si nada hubiera pasado, y yo hice exactamente igual que él: fingir que nada había sucedido.

* * *

Ángel Aznar no estaba acostumbrado a que le hablasen como Henar lo había hecho después de despedir al esperpento que habían contratado como recepcionista suplente.

Era consciente de que le gustaban mucho las mujeres, y en general a casi todas les encontraba algo bueno: la que no era guapa, tenía un buen cuerpo, unos ojos bonitos, un culo estupendo, unos labios carnosos o unas buenas piernas. Hasta no teniendo nada de esto había algunas mujeres que compensaban con su simpatía su poco atractivo físico; sin embargo, esa recepcionista, no solo era fea; era desagradable a la vista, y en el trato todavía más. No sonreía nunca y tenía una cara de amargada que nada más verla a él le provocaba un humor de perros. Sinceramente había tardado mucho en despedirla, por lo menos dos semanas. Tenía que haberla echado el primer día que la vio.

«Henar nunca debía haberla contratado», pensó. En este caso no había hecho bien su trabajo. En general le gustaba mucho. Era muy atractiva, aunque al principio le había parecido un poco alelada. Tenía cara de niña buena, y esas mujeres de aspecto aniñado y dulce siempre le habían atraído. Aunque en ocasiones parecía que vivía en otro mundo, estaba demostrando ser muy eficiente. El primer mes que entró decidió no pagar a los empleados de Marbella hasta que su director no mandase debidamente la información de las incidencias (algo que nunca había hecho). Gonzalo Osborne, director de la clínica, casi se muere cuando no recibió su sueldo, y cuando le dijeron que hasta que no reportase la información correctamente no lo recibiría pidió inmediatamente la cabeza de Henar. Esto lo hizo un poco por orgullo y un mucho porque estaba «más tieso que la mojama», como solía decir él mismo.

Aznar, sin embargo, coincidiendo esta vez con su socio Aguilar, había apoyado a la nueva jefa de Personal. En el fondo estaba harto de oír siempre la misma cantinela cuando visitaba la clínica marbellí: los empleados lo paraban para decirle que no habían cobrado o que siempre cobraban mal; incluso algunos médicos de los del principio, con los que tenía más confianza, lo llamaban por teléfono para quejarse. Esta chica, en un mes, había puesto a Osborne en su sitio. Cuando pasaron tres días laborables sin haber recibido su salario no le quedó más remedio que reportar la información de los turnos, las horas nocturnas y las vacaciones correctamente. Desde entonces siempre se hizo así. Aznar estaba seguro de que Gonzalo seguía sin hacer nada al respecto, pero que ya había encontrado a alguien que lo hiciese en su nombre. Eso es lo que tenía que haber hecho desde el principio.

No cabía duda de que Henar Márquez tenía coraje. Ni siquiera recordaba la última vez que alguien le había hablado del modo en que ella lo había hecho después del despido de la fea. Cuando montaron la clínica hubo algún insensato que se atrevió a hacerlo. Lo despidió de inmediato. De esta manera generó miedo en los empleados de la clínica y ya nadie se atrevió a contradecirlo. Ni siquiera lo hacían su ex-mujer y su ex mejor amigo; estos simplemente votaban en su contra en las reuniones del Consejo, pero tampoco parecían atreverse a llevarle la contraria.

Sin embargo, esa mujer no tenía histórico y no parecía tener mucho cuidado a la hora de emitir sus opiniones. Discutía abiertamente de política o religión con casi todo el mundo, ya que en su empresa la mayoría de los empleados eran como tenían que ser: católicos, de derechas, heterosexuales y del Real Madrid (o del Español en Barcelona). El que no lo era, o se callaba o lo marginaban. Márquez, sin embargo, se declaraba heterosexual, pero también atea, de izquierdas, y para colmo decía que desde que había entrado en la empresa se había hecho del Barcelona, porque Jordi Salisachs (que cumplía con todos los requisitos anteriores, salvo el del equipo de fútbol y era un fanático del *Barça*) la había convencido con su entusiasmo. No había duda de que era una provocadora.

Aznar decidió castigarla con su indiferencia por algún tiempo, pero nunca pensó en prescindir de sus servicios. Después de muchos años era la única persona en la compañía con la que no se aburría.

VI. TODO ES POSIBLE EN MARBELLA

La clínica de Los Tres Ases en Marbella estaba en Puerto Banús.

Yo solamente había estado una vez en el más pijo de los puertos, y únicamente de visita, durante unas vacaciones que habíamos pasado en un destino menos glamuroso de la costa malagueña, donde aprovechamos para visitar la cuna del lujo en España. Lo que vi no me gustó. Ese ambiente me repelía un poco; trataba de aceptar las diferentes formas de vivir sin juzgar, pero no podía evitar que me desagradasen esos hombres mayores rodeados de chicas jovencísimas, esas mujeres maduras de cara deformada, en un intento de ganar una apariencia de juventud imposible de alcanzar, y ese derroche excesivo en coches, barcos, ropa, joyas... Era una clase de vida, la que se vivía allí (por supuesto solamente por parte de un grupo reducido), que a muchos les daba envidia y a mí me provocaba lástima: las drogas, el juego y el sexo se mezclaban en una especie de submundo de clase alta.

Sé que la mayoría de las personas no lo entenderán, pero cuando vi todo aquello me dio una pena horrible, me produjo la misma reacción que cuando visité uno de los barrios marginales donde se vendía la droga en Madrid. Los personajes eran muy diferentes, pero ambos eran pobres víctimas de diferentes esclavitudes.

Fue a los pocos meses de empezar a trabajar en la empresa cuando tuve que ir a Marbella por primera vez por una denuncia de acoso. Luego volvería varias veces más por lo complicado que se volvió el tema.

Aguilar había recibido una «queja» de una auxiliar de clínica de ese centro contra un enfermero y contra el director médico de la clínica. Para empezar, la denuncia ya era confusa porque los dos denunciados se llamaban Diego: Diego García, el enfermero, y Diego González, el director médico.

En la queja la auxiliar hablaba de perjuicios en los turnos, de muchas noches trabajadas, de fines de semana y festivos sin libranzas; además acusaba al enfermero de un supuesto trato vejatorio, consentido por el director médico.

El hecho de que los dos denunciados tuvieran el mismo nombre y la mala redacción de la queja hacía que no se entendiese bien, ni quién era responsable de cada cosa. «El águila», que hasta mi incorporación se había encargado de este tipo de conflictos, se sintió incómodo por esta «queja/denuncia» y me mandó a Puerto Banús para gestionar el tema.

Cuando llegué al aeropuerto marbellí me recibió Gonzalo Osborne, el director gerente del Hospital del Sur, miembro del comité de dirección, y, por lo que decían en Madrid, íntimo amigo del «demonio». Habíamos tenido algún problema cuando me había negado a pagar a los empleados de Marbella hasta que no mandasen bien la información. Fue una situación complicada que tardó unos días en resolverse, por lo que no sabía cómo me iba a recibir.

Gonzalo era el típico señorito andaluz con chaquetita y gomina en el pelo, solo que su cara se asemejaba más a la de un *pelotari* vasco, con la nariz grande y las facciones duras típicas de los hombres de esa tierra. Lo primero que me sorprendió de él era lo mal vestido que iba; el considerado por los empleados como el más pijo de la empresa llevaba una camisa de marca pero con los cuellos y los puños gastados y unos pantalones que le llegaban por los tobillos, y eso que era bajito. Acompañaba tan terrible indumentaria de unos zapatos de un color indefinido (el que tiene el calzado pasado una y otra vez por diferentes capas de betún). Al verlo no pude evitar pensar en mi marido, de clase media pero siempre perfectamente vestido y calzado; sin embargo, una vez más no me permití a mí misma dedicarle ni uno solo de mis pensamientos. Había matado a mi niño y, por lo tanto, no se lo merecía.

Osborne me recibió con una sonrisa:

–¿Así que tú eres Henar, la «roja» que han contratado para Recursos Humanos? Por fin nos conocemos en persona. Me han hablado de ti, muy bien, por cierto, lo que me sorprende teniendo esa ideología. Yo soy Gonzalo Osborne, director de la clínica de Marbella. La verdad es que necesitábamos sangre nueva en ese departamento, por lo que te deseo lo mejor.

»Sé que tuvimos algún desencuentro nada más incorporarte, pero tengo que reconocer que ahora las cosas van mejor. Antes de tu llegada siempre teníamos problemas con las nóminas. Veo que has puesto a la gente de tu departamento en su sitio.

»En la primera empresa en la que yo trabajé era responsable del departamento de nóminas. La verdad es que la gente que trabaja en esa área no suele tener muchas luces, y tampoco se necesitan porque, si tienes un buen programa solo tienes que darle a un botón. Yo siempre les decía que no entendía que trabajasen tanto y siempre cobrásemos mal. En realidad, yo siempre he pensado que hacer nóminas es más fácil que pegarle a una borracha.

La verdad es que sus palabras me dejaron alucinada. No sabía si estaba más perpleja por el comentario sobre mis opiniones políticas (que nunca ocultaba), por el desprecio absoluto por las personas de mi departamento o por la barbaridad de la última frase que acababa de salir de su boca. No obstante, respiré profundamente y decidí quedarme con sus buenos deseos y empezar bien nuestra relación. Mi lengua, sin embargo, no decidió lo mismo:

–Encantada de volver a verte, Gonzalo. Nos conocimos cuando me incorporé, en Madrid, pero veo que no te fijaste mucho en mí. Nos presentó Aznar. Pero no te preocupes, es normal; debes conocer a mucha gente.

»A mí también me han hablado de ti, y no muy bien, por cierto, pero no suelo tener en cuenta las opiniones de los demás y tampoco me inquieta tu ideología de extrema derecha. La verdad es que estoy acostumbrada a trabajar con todo tipo de gente, y sobre todo con personas con tus creencias, y por supuesto no me afecta. Solo por pensar como pienso y saber cómo piensas tú, ya me siento moralmente superior a ti. Aparte de eso, sinceramente te agradezco mucho el que hayas venido a buscarme y que me hayas deseado suerte; creo que la voy a necesitar.

Gonzalo no pareció molestarse con mis palabras; al revés, me sonrió abiertamente. Era de esas personas a las que les gusta caer mal a sus inferiores (para él la mayoría) y que siempre cae bien a sus superiores (muy pocos y a los que siempre encontraba la forma de agradar). Además, tenía algo en común con los «progres» a los que tanto despreciaba, y es que pensaba que ser de extrema derecha era un claro símbolo de superioridad sobre los demás. Por ello no solo no ocultaba su ideología (como hacía yo), sino que hablaba de ella constantemente y a todo el mundo, al tiempo que despreciaba a los «rojos» abiertamente y con total descaro. Todo esto ya me lo habían contado, aunque, la verdad, no dejó de sorprenderme el hecho de que al minuto de estar con él ya lo hubiera podido corroborar. No cabía ninguna duda: era un facha, maleducado, prepotente y mal vestido.

Nos subimos en su todoterreno pagado por la empresa y nos fuimos hacia la clínica.

La verdad es que, inexplicablemente, Gonzalo y yo nos llevamos bien desde que nos conocimos. A pesar de su ideología política, totalmente contraria a la mía, de sus aires de superioridad y de su horrible vestimenta, que ofendía mi buen gusto, nos entendimos bien desde el principio. Tenía fama de inútil, de vago, y sobre todo de mala persona. Para juzgar los dos últimos calificativos no tenía criterio todavía, pero dudaba de su inutilidad. Mi experiencia me había enseñado que las empresas privadas no solían regalar el dinero y pocas veces tenían a inútiles trabajando para ellas. Si Gonzalo trabajaba para la clínica Los Tres Ases desde hacía más de diez años probablemente era porque algo hacía bien y le resultaba útil a la compañía, aunque no le gustase madrugar, no fuera el más listo de su clase y fuera mala persona (afirmaciones que todavía no había podido comprobar).

En Madrid se decía que estaba en ese puesto porque a Aznar le gustaba que lo invitase a la caseta de la que era socio en la feria de Sevilla, estar en el mejor balcón de Málaga para ver los pasos de la Semana Santa y, sobre todo, porque iba con él a la romería del Rocío, a la que no faltaba ni un año. Al «demonio» le encantaba relacionarse con andaluces de clase alta: bodegueros, ganaderos y terratenientes con fincas de las de verdad, no «parcelitas». Posiblemente existía una relación interesada entre «El demonio» y Osborne, pero la verdad es que los resultados del Hospital del Sur eran muy buenos, y Gonzalo era el máximo responsable de ese centro. Y eso era un dato objetivo avalado por los números.

De todas formas, no era la primera vez que me pasaba. Solía llevarme bien con personas con una forma de pensar totalmente contraria a la mía, a las que *a priori* hubiese apartado de mi vida de inmediato, y luego no soportaba a otras teóricamente afines con mi forma de ser o de pensar. Debía ser la teoría esa de la atracción de los polos opuestos, no podía ser otra cosa.

Cuando llegamos a la clínica, lo primero que hicimos fue dar un paseo por la misma. La verdad es que era un hospital precioso, mucho más alegre que el de Madrid, que era funcional y moderno. La decoración era muy similar a la de los *riads* de lujo de Marrakech, y, a pesar de su clásica decoración, estaba equipado con la última tecnología, al igual que los otros tres centros. «Las numerosas mujeres de países árabes que traten su infertilidad en esta clínica deben sentirse muy a gusto aquí», pensé.

A las doce de la mañana tenía una reunión con la chica denunciante, por lo que me despedí de Osborne y acudí a mi cita.

Nada más empezar a hablar con ella pude darme cuenta de que lo que subyacía en ese supuesto caso de acoso: era un problema amoroso, lo que antes se llamaba, con un apelativo bastante machista, «un lío de faldas».

La auxiliar empezó a contarme:

–Todo empezó a complicarse en mi puesto de trabajo desde hace más o menos dos meses, cuando empecé una relación sentimental con un médico del hospital. Nos gustábamos desde que se incorporó a la clínica a principios de año, pero él estaba casado y le costaba romper su relación. Sin embargo, finalmente se decidió por mí y ya ha iniciado los trámites de divorcio. Mis compañeros tenían sospechas de que estábamos juntos, pero no lo sabían seguro. Cuando lo hemos hecho público es cuando han empezado los problemas. Diego, el enfermero con el que he estado trabajando codo con codo durante dos años, me ha retirado el saludo y ha empezado a hablar mal de mí a todos mis compañeros. Ahora entro al turno de trabajo y se ríen de mí, comentan a mis espaldas y además, su amigo, el jefe, ha empezado a ponerme los peores horarios. Tengo que hacer más noches y festivos, y no ha vuelto a llamarme para ninguna intervención extraordinaria de fin de semana (que son las mejor pagadas). Además, nunca me pone en el turno con Diego para fastidiarnos.

–Pero ¿quieres trabajar con él después de todo lo que dices que te hace? –le pregunté.

–No me refiero a mi compañero el enfermero, sino a Diego, mi novio, Diego López.

–¿Otro Diego? No puedo creerlo. ¿Pero cuántos Diegos hay en este hospital?

–Hay tres: Diego García, el enfermero; Diego González, el director médico, y Diego López, el médico, que es mi novio.

–¡Madre mía! ¿Cómo es posible? Además, tampoco les podéis llamar por sus apellidos, porque contestaría media plantilla. Tendréis que usar motes como en los pueblos para solucionar el problema de que todo el mundo se llame y se apellide igual.

–Nosotros al director le llamamos «el jefe», y a los otros dos, «Diego El enfermero», y «Diego El médico»; tampoco nos complicamos.

–¿Y por qué crees que tus compañeros están actuando así contigo?

–Yo pienso que es por celos. «Diego El enfermero» y yo estábamos muy unidos, éramos muy amigos, algunas veces nos acostábamos, pero no había nada serio entre nosotros. Sin embargo, ahora me he dado cuenta de que él estaba muy enganchado conmigo, más de lo que yo pensaba, y como es el único chico de todo el equipo de enfermería le tienen en palmitas y ahora todas las enfermeras se han puesto en mi contra. Y mis compañeras auxiliares, que siempre me han tenido envidia, se han unido a las enfermeras y andan también hablando mal de mí a mis espaldas. Sinceramente, la situación se está haciendo insostenible para nosotros dos.

»Antes de poner la queja formal quise arreglar la situación y quedé con 'Diego El enfermero' a la salida del trabajo. Me llevó a casa, como lo había hecho en otras ocasiones, pero paró el coche en la mitad del camino, aparcó a un lado de la carretera e intentó besarme. La verdad es que viví una situación muy desagradable.

–¿Y por qué no denunciaste?

–Bueno, por nuestra antigua amistad todavía pensaba que las cosas podrían arreglarse, pero no fue así. Fueron a peor, porque empezaron a perjudicar a mi novio también, y después de lo que ha hecho por mí, separándose y todo, eso sí que no lo voy a tolerar.

La historia empezaba a complicarse, por lo que yo tenía que seguir indagando:

–Imagino que tendrás alguna prueba de todo esto.

–Bueno, tengo algunas conversaciones de WhatsApp y fotos, y puedes comprobar mis horarios de los últimos meses: más noches, más fines de semanas...

–Ya hemos comprobado los horarios y los turnos de trabajo y no hemos visto nada raro, la verdad. Por otro lado, no termino de entender qué tiene que ver el director médico en todo esto. Una denuncia por acoso es una cosa muy seria y aquí hay dos personas denunciadas. No creo que un profesional con esa posición, por mucha amistad que tenga con tu enfermero, ex-amigo, ex-amante, o lo que sea, entre a fastidiarte con los turnos, y todavía entiendo menos que también perjudique a tu novio. Comprenderás que parece un poco extraño.

La auxiliar calló y se hizo un silencio incómodo. Cuando yo ya iba a empezar a hablar con el propósito de romperlo, ella se me adelantó.

–Es que también tuve una relación con él.

–¿Con quién?

–Con Diego González, el director médico.

Traté de disimular mi sorpresa. En un momento me había dicho que había estado liada con tres superiores: el enfermero, el médico y el director de medicina del hospital. Y los tres se llamaban Diego...

–¿Cuándo estuviste con el director? ¿Antes o después de estar con el enfermero?

–A la vez –contestó la chica.

–¿Estabas saliendo con los dos amigos al mismo tiempo? ¿Y ellos lo sabían?

–Diego González sí, Diego García no. Además, no salía con ellos; solo nos acostábamos.

–Por favor, no me digas los apellidos, que me lío todavía más. No quiero parecer impertinente, pero esto está complicándose un poco y quiero saber de quién estamos hablando.

–El jefe, el jefe es el que lo sabía. El enfermero no.

–¿Y tú sabías que el director médico estaba casado y que tenía un bebé?

–Sí, claro, pero yo soy libre y no tengo ningún problema con eso, y él parecía que tampoco.

–¿Sabes lo que es una política de nepotismo? –le pregunté a la chica después de meditar un momento sobre la situación.

–Creo que es que no se puede tener pareja en la clínica, o algo parecido.

–Sí, más o menos. El nepotismo es un trato de favor hacia parejas o familiares que las empresas tratan de evitar. Para ello redactan políticas que, entre otras cosas, impiden trabajar a parejas en el mismo centro de trabajo.

–Pero yo nunca he tenido pareja hasta ahora; tampoco tengo la culpa de enamorarme de un compañero de trabajo, es algo muy normal. De hecho hay parejas en todas las clínicas, a pesar de esa política de nepotismo que mencionas, y, como te he dicho, yo nunca he tenido pareja en el hospital hasta empezar con mi novio actual.

–Ya, ¿entonces cómo definirías las relaciones de las que me acabas de hablar? ¿Qué eran para ti? Perdona, es que necesito entender bien todo.

–Eso no era nada, ya te lo he dicho, no tenía ninguna importancia. Solamente nos acostábamos de vez en cuando.

–Hay una cosa en la que te equivocas: acostarse con alguien no es tomarse un café. Si hubiese sido igual, no estaríamos aquí sentadas; nunca habrías puesto una queja o denuncia si te hubieses tomado varios cafés con los Diegos, y hubieran tomado represalias por dejar de hacerlo. Sería absurdo, eso sí que sería una tontería. Pero, créeme, acostarse con un compañero, o con un jefe, no lo es; es algo bastante más serio. Mándame todas las pruebas que tengas con las que puedas justificar que has sufrido acoso y volveremos a hablar.

–Claro, te las mandaré.

Había quedado a comer con Gonzalo. Nos íbamos a ver en la recepción del hospital, pero antes necesitaba tomar el aire, por lo que salí a dar un paseo por los alrededores. Había algo en esa mujer que me había inquietado profundamente, la frialdad con la que hablaba al tiempo que trataba de manipularme. Me habían dicho que siempre iba muy maquillada, muy corta y muy ajustada y que tenía aires de mujer fatal; sin embargo, a la entrevista había ido vestida como una monja y con la cara lavada.

Yo era una feminista recalcitrante, y tal vez por eso no me gustaban las mujeres que utilizaban su género y sus «armas de mujer» para sacar un beneficio personal aprovechándose de la debilidad de algunos hombres, que solo piensan con una parte de su cuerpo situada lejos de su cabeza.

Por otro lado, «Diego El médico», que ahora era su novio, fue una de las primeras personas a las que yo había seleccionado. Había estado trabajando en Londres, pero cuando su mujer quedó en estado quiso volver a España. Estaba muy ilusionado con el nacimiento de su primer hijo. Les había costado mucho tenerlo, me contó en la entrevista. Habían acudido a una clínica de fertilidad londinense y al final habían conseguido su objetivo. Fueron los ingleses los que le pusieron en contacto con la clínica Los Tres Ases (con la que colaboraban), que buscaba médicos para su clínica marbellí. El matrimonio había aterrizado allí hacía solo unos meses. Parecía increíble cómo podían haber cambiado tanto las cosas en tan poco tiempo.

Mientras daba mi pequeño paseo por Marbella recibí los mensajes de la auxiliar de clínica. Casi me desmayé cuando los vi. Me impresionaron mucho las conversaciones eróticas por WhatsApp entre la auxiliar y los diferentes Diegos, las fotos, los vídeos de sexo explícito... Cuando le pedí las pruebas nunca pensé que me mandaría nada parecido. La verdad es que todo aquello me pareció muy desagradable. En el fondo no podía evitar ser una chica tradicional. Mi marido siempre me lo decía:

–Tú vas de «progre», pero eres más puritana que esas pijas religiosas a las que siempre criticas.

Yo no me consideraba puritana, pero sí era recta y tenía unos principios morales muy arraigados, que no estaban relacionados con la religión, sino con el respeto.

En la comida con Gonzalo este decidió que tenía que intervenir Regina, la directora de Legal. Aunque al principio él pareció divertirse con la historia, a los dos nos asustó el envío de los vídeos y de las fotos, que ahora estaban en mi poder. No hacía mucho que se había suicidado una mujer por la divulgación en su empresa de un vídeo erótico con un compañero, y la familia de la difunta había denunciado a los responsables de la compañía, porque al parecer estaban al tanto de la difusión del vídeo pero no habían hecho nada al respecto. Gonzalo era el director de la clínica marbellí y no quería arriesgarse a tener ningún tipo de problema en su centro de trabajo.

Cuando me acompañó al aeropuerto le pregunté su opinión sobre el director médico; según se decía en Madrid eran muy buenos amigos.

–La verdad es que nunca deberíamos haber contratado a Diego como director médico, siendo familia del hijo de puta de Carrillo.

–¿Qué dices? –le pregunté sorprendida.

–Diego González Carrillo, sobrino-nieto del asesino de Paracuellos, de uno de los mayores cabrones que ha nacido en este país, pero no será porque yo no se lo advertí a Aznar.

–¿Qué le advertiste de qué? ¿De que un familiar lejano de un profesional cualificado había matado a alguien en la Guerra Civil? Ni que fuera el único.

–No, el único no, pero de los peores sí, y yo quería que se supiese de qué familia venía.

–¿Tú me estás tomando el pelo, verdad?

–Pues no.

–¿Y se puede saber qué te dijo Ángel?

–Pues finalmente lo contrató, aunque al principio me dio la razón. También estaba preocupado, porque tanto a él como a mí nos gustan las personas con una familia como tiene que ser.

–¿Y cómo tiene que ser? ¿También me investigasteis a mí? Imagino que sí, pero veríais que mi familia era buena.

–Querida Henar, no te equivoques; no es exactamente eso lo que buscamos. Tu familia será buena, pero tú no eres de buena familia y aun así te contratamos, no te quejes.

El comentario de Osborne me dejó tan alucinada que esta vez sí que me quedé sin palabras. Eso sí, no sé por qué me vino a la cabeza una canción muy antigua que decía: «Pobrecito mi señor, piensa que el pobre soy yo».

No recuerdo si le dije adiós al despedirme.

* * *

Cuando Gonzalo dejó a Henar en el aeropuerto dedicó un rato a pensar en ella.

Sin duda había hecho un buen trabajo y se le veía buena chica. No soportaba que ahora tuviese que intervenir la bruja de Regina. ¡Qué asco de mujer, no la aguantaba! Pero no había tenido más remedio que involucrarla, sobre todo porque no quería que nada de esa historia le fuese a salpicar.

No entendía que Henar fuera de izquierdas siendo tan inteligente, y se lo había dicho varias veces. Ella sonreía y siempre le había contestado lo mismo:

–Facha igual a listo, rojo igual a tonto; eso pensáis vosotros. Pero os equivocáis: listos y tontos los hay de todas las ideologías; tenéis que abrir la mente.

Todos los días se arregló mucho, usaba buena ropa, buenos bolsos y buenos zapatos, como todos esos falsos «progres» con sus coches de lujo y sus chalés adosados pagados con hipotecas a cuarenta años. Seguramente ella viviría en uno de esos, pensó.

Sin embargo, en el fondo le gustaba; era una mujer que defendía sus creencias con verdadera convicción y trataba de ser justa y ayudar a la gente. A él no le importaban los demás demasiado, pero le gustaba rodearse de buenas personas. Con ellas podías relajarte un poco; no necesitabas estar a la defensiva.

Los comienzos no fueron buenos, pero no era rencoroso; sin duda se había equivocado con ella. Era una chica eficiente, seria y trabajadora. Además era muy agradable, a pesar de su aspecto triste y de que a veces se quedara como ausente. Le habían contado lo del accidente de su familia, pero durante el tiempo que habían pasado juntos no habían hablado del tema. Él también había perdido a un hijo, pero había muerto el mismo día de su nacimiento, por lo que no le había dado tiempo a encariñarse con él. Su mujer sin embargo lo había pasado muy mal y no lo había superado hasta que tuvieron otro. Las madres sentían más esas cosas.

Además, perder a tu pareja y a tu hijo al mismo tiempo debía ser terrible, ya que, por lo menos a corto plazo, te limitaba la posibilidad de tener otros hijos. Casi le dio pena de Henar, si hubiese podido tener ese sentimiento claro. Como no lo tenía, llegó al campo de golf y se puso a jugar unos hoyos y no volvió a pensar en ella, ni en sus problemas ni un solo minuto más.

VII. LA REINA CALVA

Durante el mes siguiente fui tres veces a Marbella acompañando a Regina Calvo para realizar la investigación de la denuncia de acoso. La experiencia fue horrible; realmente era una mujer repugnante.

Además de directora de Legal y miembro del comité de dirección de la clínica Los Tres Ases, Regina Calvo era hermana de la tercera mujer del «demonio».

A pesar de que las hermanas tenían muy mala relación, la esposa de Aznar había conseguido un puesto para ella en la dirección de la clínica. Hasta ese momento el responsable de los litigios de la compañía era Carlos Aguilar, que trabajaba con distintos despachos expertos, pero la verdad es que el crecimiento del hospital y de sus pleitos hacía necesaria una persona que se encargara de la coordinación de estos temas.

Cuando Aznar propuso la contratación de un director de Legal su socio estuvo de acuerdo; al final era un área que no dominaba y con la que no se sentía cómodo. Y finalmente fue seleccionada la cuñada de Aznar, aunque por aquel entonces nadie sabía quién era. Tanto Aguilar como Cecilia participaron en el proceso de selección y ambos quedaron muy impresionados por «La calvo», que supo venderse muy bien y pasó de trabajar en un despacho pequeño en Segovia a ser la directora del departamento jurídico de una empresa cada vez más importante. Las malas lenguas decían que nunca había terminado la carrera de Derecho.

Con la incorporación de Regina, antes de casarse por tercera vez Aznar quiso matar dos pájaros de un tiro. Por un lado pretendía seguir contrarrestando a sus dos socios con una persona de su confianza, y por otro terminar de conquistar a la que luego sería su mujer. Su cuñada, sin embargo, resultó ser una persona difícil. Casi desde el principio comenzó a llevarse mal con Aguilar y con Cecilia, pero también con todos los demás. No se le podía contrariar y generaba mal ambiente allá donde iba. Además, la relación entre las dos hermanas no había mejorado porque Regina sencillamente despreciaba a la esposa del «demonio», aunque cuando estaba delante de él por lo menos trataba de disimularlo.

¿Por qué la mantenía Ángel entonces? Henar pensaba que además de hacer el trabajo sucio mucho mejor que «El águila», había conseguido desviar las críticas de los empleados hacia ella. Antes de su incorporación, la mayoría de los malos comentarios de los trabajadores se dirigían hacia Aznar, ya que su encanto natural con el paso del tiempo había devenido en manías, malas maneras y una soberbia excesiva que pocos toleraban. El carácter del «demonio», sin embargo, no era nada al lado del de Regina y las críticas se desviaron hacia su persona.

A mí ella me daba miedo. Gloria, mi psicóloga y ángel de la guarda en la clínica siquiátrica, me había prevenido sobre su persona cuando me incorporé al hospital Los Tres Ases. Por lo visto la había estado tratando un tiempo por un «problemilla» que había tenido. Sin embargo, la chica había abandonado la terapia.

Aunque por confidencialidad Gloria no quiso desvelarme la naturaleza del problema, yo la diagnostiqué por mi cuenta cuando la conocí. Pensé que era esquizofrénica, una esquizofrénica cruel y no medicada. Se me había quedado grabada la historia de una médica que la había emprendido a cuchillazos contra todo el que se cruzaba en su camino en una importante clínica madrileña. Tenía una esquizofrenia paranoide y había matado a tres personas y herido a otras muchas. Años después, cuando había salido del psiquiátrico para vivir tutelada por su madre, trató de repetir la hazaña, aunque esta vez afortunadamente no mató a nadie; solamente hirió a algunas personas que se cruzaron en su camino.

Por alguna razón, Regina Calvo me recordaba a ella. Sus reacciones me daban tanto miedo que finalmente mi psicóloga, para tranquilizarme, me confesó que solamente tenía una psicopatía grave. Puede que no fuese una enferma mental, pero su diagnóstico tampoco me consoló; yo creo que me asustó todavía más. A lo mejor era de los psicópatas que terminan en la cárcel...

Era alta y delgada como su hermana, como Cecilia, y como la segunda esposa de Aznar también. Yo pensaba que como «El demonio» era bajo y gordo trataba de compensarlo casándose con mujeres físicamente opuestas a él.

En Marbella ambas entrevistamos a los tres Diegos y a seis testigos más. De las citadas investigaciones concluimos que, además de con estos tres, la auxiliar había mantenido relaciones con otros dos médicos, y lo que es más grave, parece ser que nada más incorporarse a la compañía había ido a Barcelona a cubrir una baja y había tenido una aventura con Jordi Salisachs, mi primer amigo en Los Tres Ases. Casi me caigo de la silla cuando el director médico nos lo contó. Sinceramente no me lo creí (tenía facilidad para no creerme lo que no quería, sobre todo si afectaba a personas a las que apreciaba; es decir, padecía de ceguera y sordera selectivas voluntarias).

–No me puedo creer lo de Jordi –le dije a Regina más tarde.

–¿Ah no? ¿Y por qué, si puede saberse?

–¿Tú le has tratado? Es encantador; siempre me habla de su mujer y de sus hijos, siempre trata de ayudar, siempre tiene una buena palabra, no sé...

–Pues a mí me parece un viejo chocho; empieza a explicarte algo y te puedes echar la siesta antes de que termine. Hace tiempo que le vengo diciendo a mi cuñado que lo despida, a él y a la otra vieja de Barcelona: Inés, la presidenta del comité de empresa.

Impresionada por su sinceridad, traté de defender a esas dos personas:

–A ella no la conozco todavía, nunca hemos coincidido, pero todo el mundo la quiere, no solo en Barcelona y en Navarra, también en Madrid y aquí en Marbella. Además, no son tan mayores; son más jóvenes que los tres ases.

–Sí, un año o dos menos; unos jovencitos... ¿Tú qué eres, de esas a las que no les molestan los trastos viejos en casa? Porque a mí me molestan, y mucho.

Durante unos minutos me quedé callada, otra vez me temblaron las piernas, como cada vez que oía una barbaridad y debía mantener la boca cerrada. Sin embargo, como casi siempre, no pude hacerlo:

–Oye, Regina, ¿sabes una cosa?

–Dime –me contestó con el tono tajante que la caracterizaba.

–Tú, como todos, llevas una vieja dentro, y de repente llegará un día en el que te cruzarás con alguien que te despreciará por tu edad y al que le darás asco, como parecen dártelo a ti las personas mayores. Ese día te acordarás del día de hoy. Estoy convencida.

La cuñadísima me miró con el más absoluto de los desprecios pero no me dijo nada. Yo me levanté y me fui al servicio para tratar de recomponerme; realmente me había sacado de mis casillas. Cuando volví ella estaba sentada haciendo anotaciones; entonces me fijé en que tenía calvas en la cabeza. Era mucho más alta que yo; por eso hasta ese momento no me había dado cuenta. Trataba de peinarse con una especie de cardado para que no se le notase, pero tenía poquísimo pelo y había algunas partes en las que no tenía casi ninguno. «La calvo es calva», pensé entonces, y continuamos con la investigación interrogando testigos.

Cuando le llegó el turno al director médico de la clínica de Marbella, la situación se complicó muchísimo. De todos los testimonios, el peor fue el suyo; su mujer todavía no sabía nada, pero era evidente que se iba a enterar. Se puso a llorar como un niño pequeño y nos pidió ayuda. Regina lo machacó:

–¿Por qué lloras? Por mí puedes follar con quien te dé la gana, pero no en tu centro de trabajo. ¿Ahora pretendes dar pena? Resultas patético.

El hombre trató de justificarse y como vio que con ella no había nada que hacer me miraba a mí; estaba realmente avergonzado. Cuando terminó su declaración lo acompañé a la salida. Regina seguía haciendo anotaciones. Ni siquiera levantó la mirada del papel cuando salimos.

–Tienes que ayudarme, Henar –me dijo–. No puedo causar baja voluntaria; tenéis que despedirme. Necesito cobrar el paro, por lo menos hasta que encuentre otra cosa. No puedo irme sin eso.

–Sabes que en esta empresa no se ayuda a cobrar el desempleo a nadie. No podemos hacer nada.

–Lo sé, pero yo no puedo presentarme en mi casa diciendo que he causado baja voluntaria; tengo que buscar alguna excusa. He trabajado muy duro para esta clínica. Sé que he sido un mal marido, pero he sido un buen médico. Creo que merezco un poco de compasión por vuestra parte.

Ver a aquel hombre tan derrotado, comprobar la dureza de Regina, la maldad de la auxiliar… Al final él tenía razón; era su mujer quien debería juzgarlo si alguna vez se enteraba de lo que había pasado, pero a nivel profesional había realizado un trabajo impecable. Tomé la decisión de ayudarlo.

–Si dejas de venir a trabajar tendremos que despedirte; no vamos a pagarte por nada. Si no apareces por aquí, transcurridos unos días tendremos que prescindir de tus servicios. Tú veras lo que le cuentas luego a tu mujer.

–Gracias, Henar, creo que eso es lo que haré. No me queda otro remedio. ¿Puedo hacerte una última pregunta?

–Claro –le dije.

–¿El seguro de vida que tenemos en la empresa cubre el suicidio?

De nuevo me temblaron las piernas. Creo que en toda mi vida profesional nadie me había hecho una pregunta semejante.

–Pues no tengo ni idea, Diego. Pero verás, después de la noche más oscura siempre vuelve a amanecer, y créeme, te hablo por experiencia. Para mí todavía no ha amanecido del todo pero ya percibo algún claro, y si yo puedo esperar la luz de la mañana, tú también podrás.

Aunque casi no le conocía, le di un abrazo y me encaminé a la sala de nuevo.

Por el camino pensé en todo lo que había acontecido en Marbella. La denunciante se había liado con seis compañeros, todos con mayor rango que ella, tres casados y uno de ellos una de las pocas personas a las que consideraba amigas en la empresa. Me pregunté que si además de con estos seis se hubiese querido liar con todos los enfermeros, médicos y demás superiores del hospital cuántos le habrían dicho que no, y pensé que no muchos. No era guapa; tenía los pechos operados muy grandes, pero yo creo que conquistaba a los hombres porque hablaba muy bien. Era una encantadora de serpientes. Claro que esto solo lo pensaba yo. Cuando se lo comenté a Gonzalo y a Regina, y más tarde al resto del comité de dirección, todos se rieron de mí en la cara. Ninguno creía que el mérito de la auxiliar fuese la oratoria.

Concluida la investigación, Gonzalo nos llevó al aeropuerto en su flamante coche de empresa. Cuando llegamos la cuñadísima se nos adelantó y nosotros caminamos unos pasos más atrás.

–No soporto a esta tía –me dijo el director de la clínica marbellí–. Mírala, parece que le han metido un palo por el culo.

–A mí me parece una *dominatrix* a punto de sacar el látigo y fustigar a sus sumisos. Es algo raro, pero cada vez que la veo pienso en eso y me la imagino vestida de cuero negro, castigando a los pobres empleados que la tienen que aguantar. No hay nada sexual en ello; es un acto de crueldad y ya está. No sé por qué pienso estas cosas; nunca me había pasado.

Gonzalo se rio al escucharme.

–Interesante, tu visión, no me extrañaría nada, la verdad. De ella me puedo creer cualquier cosa.

–Por cierto, ¿te has fijado en que está calva? –le comenté yo.

–¿Calva? No me he dado cuenta, aunque la verdad es que trato de no mirarla. Como mujer me parece repulsiva, aunque hay algunos en la empresa que dicen que está buena.

–No es fea y tiene buen cuerpo, lo que pasa es que es muy desagradable y se le refleja en la cara, y además no sabe vestir, aunque la mayoría de los hombres no se dan cuenta de esas cosas. Pero tú fíjate la próxima vez, «La calvo» es calva, –le dije riéndome.

–Me fijaré –me dijo, mientras se despedía–. Y tú cuídate mucho, y cuídate de esta. ¡Menudo peligro tiene!

Cuando llegué a la puerta de embarque, bastante después que ella, Regina estaba hablando por teléfono.

–Que me dejes en paz, que no te soporto, que no me llames, que vivas tu vida. ¡Cuántas veces tengo que decírtelo!

Cuando colgó hubo un silencio un poco embarazoso y me vi en la necesidad de preguntarle:

–¿Estás bien? Te veo alterada.

–Era mi hermana –me dijo–; no admite que no quiera tener ninguna relación con ella. Una y otra vez trata de que seamos buenas hermanitas, como en los cuentos de Disney. No la soporto.

–Pero ¿te ha hecho algo? La verdad es que para mí mis dos hermanos son muy importantes, de las personas más importantes en mi vida, aunque claro, no todas las relaciones son iguales. Imagino que algo muy fuerte te habrá hecho para que pienses así.

–Sí, la verdad es que me hizo algo horrible: nacer.

No le pude contestar. Ya estaban llamando a embarcar y nos dirigimos hacia el avión. Afortunadamente estábamos sentadas cada una en una punta.

¿Qué habría hecho esta mujer en un entorno de guerra? me pregunté, y francamente me dio miedo solo pensarlo.

* * *

La «Operación Marbella» dio lugar a varias salidas en la organización:

El director médico Diego González, no volvió a acudir a su trabajo y tuvimos que despedirlo por ausencias injustificadas. Luego supe que la auxiliar le había mandado a su esposa las fotos y los vídeos eróticos que se habían hecho juntos y la mujer decidió abandonarlo.

Por parte de Recursos Humanos, con los resultados de la investigación no pudo acreditarse que existiese ningún tipo de acoso por parte del director médico hacia la auxiliar. Se concluyó que solamente había existido una relación sentimental, sexual, o lo que fuera, consentida por ambos.

El enfermero, ex amigo, ex amante de la denunciante, Diego García, fue sancionado de empleo y sueldo, porque en los interrogatorios tuvimos conocimiento de que durante el tiempo en el que estuvieron juntos le había pasado a su pareja información confidencial del grupo de enfermería: solía mandarle los turnos de trabajo antes de que se publicasen y la auxiliar, que no se llevaba bien con casi ninguna de sus compañeras, solicitaba después con quién trabajar y con quién no. Su falta no estuvo bien, aunque no podía considerarse una infracción muy grave. Cuando le comunicamos la sanción nos lo agradeció mucho; pensaba que lo íbamos a despedir. Luego supo que su amigo y mentor el director médico también había estado con la auxiliar y no podía creerlo. Eran íntimos amigos desde la infancia y sin embargo no le había comentado nada. La investigación no pudo probar ningún tipo de acoso suyo a la chica.

Diego López, el médico, pareja actual de la auxiliar, no sabía nada de las anteriores relaciones; se enteró a raíz de la investigación. Estaba tan desquiciado que en las semanas que duró el proceso recibimos dos denuncias de dos auxiliares de clínica a las que supuestamente había agredido (parece ser que eran enemigas de su novia y él hacía todo lo que ella le pedía). Lo suspendimos de empleo y sueldo por esas acciones y continuamos con la investigación. Finalmente se cogió una baja por depresión y negociamos su salida incentivada. Estaba totalmente dominado por esa mujer, parecía hechizado. De las reuniones que mantuve con él me quedó claro que la baja era real, no fingida. No parecía la misma persona a la que yo había entrevistado nada más llegar de Londres; era una sombra de sí mismo.

La auxiliar fue despedida por denunciar falsamente por acoso a sus superiores. Cuando le dimos la carta de despido la firmó sin leer. Posteriormente, me llamó y amenazó. Yo me creía una mujer valiente, pero temía las reacciones de los locos; les había cogido miedo en el psiquiátrico, aunque ninguno me había hecho nada.

La empresa, que no quería un circo mediático, reconoció la improcedencia del despido y decidimos pagarle una indemnización y evitar así el juicio.

Durante la investigación, la jefa de enfermeras de Marbella que fue una de las testigos me dijo que la auxiliar era muy violenta y que había tenido un juicio por las lesiones provocadas a una chica en un gimnasio. La había atizado con una mancuerna, porque, según ella, miraba a su novio de entonces de forma inadecuada.

La verdad es que, con esos antecedentes, temí ir sola a la conciliación laboral. Por supuesto Regina no iba a ir; se creía muy por encima de esas labores menores. Le pedí a Osborne que me acompañase y me puso una excusa absurda. Era un cobarde total. Al final me acompañó la jefa de enfermeras, que demostró ser una gran mujer. Me sentí un poco ridícula por no atreverme a ir sola, pero me vino bien su compañía.

La auxiliar apareció con la sombra del médico que un día vino de Londres y que ahora era su novio. No puso problemas para llegar a un acuerdo. Después de firmar me dijo:

–Vosotros creéis que me habéis echado, pero yo he conseguido lo que quería: que la clínica Los Tres Ases me pagara la hipoteca.

Lo que había pasado en Marbella tardaría mucho tiempo en olvidarse entre los compañeros. El director médico se había marchado sin despedirse. Había seleccionado a la mayor parte del equipo del hospital y tenía una relación estupenda con todos ellos. Era un magnífico profesional y una persona muy respetada, aunque hubiese demostrado ser un mal marido. Creo que todos los sintieron. Todos menos Gonzalo Osborne, quien, a pesar de tener una excelente relación con él (y eso que era familia de Carrillo), no lo sintió en absoluto. No conocía ese tipo de sentimientos.

Me pregunté cómo habría actuado Gonzalo si hubiéramos estado en guerra y hubiera tenido que ayudarme a mí o a cualquier otro que estuviera en el mismo bando. La respuesta era muy fácil: no habría hecho absolutamente nada; la única persona que le importaba era él mismo.

* * *

Regina tenía que presentar el informe de las conclusiones de la «Operación Marbella» al resto del comité de dirección. Mientras lo redactaba se acordó de la estúpida de su hermana llamándola por teléfono y de la imbécil de Henar interesándose por la conversación. No soportaba a ninguna de las dos. A su hermana no tenía más remedio que aguantarla, ya que en cierta medida su trabajo dependía de ella; era el colmo, pero así era la vida.

En cuanto a Henar, no tenía palabras para describirla. Pensaba que era una inútil absoluta. Iba de víctima con el cuento de la muerte de su familia y dando lástima pretendía hacerse con una posición en la organización que por supuesto no merecía y que además ella le había pedido expresamente al baboso de su cuñado. Si conseguía controlar los litigios y los Recursos Humanos de la empresa, su poder se vería acrecentado y quizás algún día podría dirigir la clínica Los Tres Ases, ya que los tres socios eran unos vejestorios y pronto estarían seniles.

Sin embargo, el marido de la mema de su hermana no le había hecho caso y parecía tener en gran consideración a esa subnormal que ahora era la responsable de las personas en su empresa. Sinceramente no podía entenderlo. Pero ya vería qué estrategia seguir. Lo que tenía claro es que terminaría destruyéndola.

VII. LAS DOS CECILIAS

Aguilar y yo nos reunimos para hablar de todo lo que había ocurrido en Marbella. Sin embargo, yo estaba despistada. Llevaba unos días muy malos. Las pesadillas me impedían dormir y me encontraba muy cansada. Mis ojos se dirigieron hacia la foto del «príncipe azul con el que yo soñé». Tenía que preguntarle al «águila» por él. Aunque al principio le llamaba de usted, ya hacía algún tiempo que lo tuteaba.

–¿Tu hijo no viene nunca por aquí?

–Sí, viene cada vez que necesita dinero para su hospital. Por eso de vez en cuando, alegando razones de tesorería, no le paso lo suficiente y aparece por aquí para pedirme más. Es así como le veo, si no creo que no vendría nunca. Parece que no le gusta nuestra vida, o la que ha sido la suya hasta no hace tanto. En fin... De todas formas, siempre regresa para el cumpleaños de Cecilia, la hija de Aznar y Ceci, y ya queda poco; es el mes que viene.

–¿Viene del Congo al cumpleaños de Cecilia? Pues debe quererla mucho para hacer eso.

–Sí. Es una historia que viene de antiguo. A los pocos días de la muerte de mi mujer y de mi hija, la pequeña Cecilia celebraba una gran fiesta de cumpleaños y mi suegra, que estaba aquí con nosotros, llevó al niño a la misma (ella es alemana, muy fuerte, muy cerebral y pensó que al chico le vendría bien). La niña dejó a todos sus amiguitos, a los payasos y los hinchables en cuanto vio a Carlos, le dio la mano y se lo llevó. Ni siquiera sopló las velas de la tarta. Estuvieron toda la tarde juntos y esa noche durmieron abrazados en la cama de ella, y creo que han seguido haciéndolo desde entonces, cada cumpleaños, ya que siempre lo celebran los dos solos. Lo raro es que ahora ella está casada y, francamente, no sé lo que pensará su marido. Cuando lo hacían de niños era una historia bonita; yo ahora no lo veo apropiado, pero seré un viejo pasado de moda.

–El marido de Cecilia es un hombre mayor, ¿verdad?

–Bueno, es de mi edad y la de su padre. Mayor para ella, desde luego, un banquero maduro y rico. Aznar está encantado, pero yo no lo entiendo muy bien. Cecilia es una chica guapa y lista, y creo que sus valores son buenos. Si se ha casado con ese hombre imagino que será por amor. Dinero no necesita y oportunidades seguro que no le han faltado.

–¿Y por qué no se ha casado con tu hijo? Por lo que me cuentas, parecían enamorados.

–Eso pensaba yo, pero la verdad es que no me imagino a Cecilia dejando las pasarelas para irse a vivir al Congo. Allí solo van las personas que huyen, y ella no tiene nada de lo que huir. No soporta a su padre, pero tampoco le molesta; la verdad es que no le hace demasiado caso. Aparte de eso tiene una vida maravillosa; no creo que nunca pensase abandonarla para irse detrás de mi hijo, y se habrá cansado de esperarlo, porque él ya lleva allí siete años y no tiene ninguna intención de volver. A lo mejor se conforma con celebrar el cumpleaños junto a él, no lo sé; tampoco conozco tanto a Cecilia, y además nunca he entendido a las mujeres.

–Has dicho que al Congo solo van las personas que huyen. ¿De qué huye tu hijo, doctor?

–Pues no lo sé seguro, pero creo que huye un poco de mí y un mucho de él mismo, de un accidente trágico difícil de superar, de una madre muerta, de una hermana muerta, de un padre que lo apartó de su lado cuando más lo necesitaba, de una abuela fría como el hielo... Sé que no lo ha tenido fácil, pero debería aprender de los congoleños a los que trata; esos sí que tienen vidas duras. Aquí en el primer mundo tenemos mucha tontería y los niños ricos como Carlos mucha más.

»A pesar de todo, a veces pienso que tengo que estar contento; por lo menos no se ha metido en ese maldito partido radical de izquierdas en el que están muchos hijos de mis amigos. Casi prefiero dar mi dinero a los congoleños que a ese 'Gran Hermano' con coleta que los atonta con sus discursitos «progres» exquisitamente «marketinianos».

»En fin, Henar, has hecho un buen trabajo en Marbella. Creo que no me equivoqué contigo. Espero que tú también estés contenta.

–Claro, contenta no es la palabra que me define, ya lo sabes, pero estoy satisfecha con mi trabajo. Te estoy muy agradecida por la oportunidad, doctor.

Me despedí y salí del despacho de Aguilar pensando en Cecilia joven. Ella no aparecía en mis sueños de infancia. En estos Charlie solamente tenía ojos para mí, pero claro, solo eran sueños, y esto era la realidad, aunque fuera una realidad surrealista.

Sabía que, además de por la sorpresa de haberle encontrado en un portarretratos de mi jefe cuando solo lo había imaginado, había empezado a pensar en él para poder olvidarme de mi marido.

Todo empezó como un mecanismo de defensa que me ayudaba a tirar para adelante en los momentos tan terribles que estaba viviendo. Sin embargo, a fuerza de volver a él cada vez que mi esposo aparecía en mi cabeza, fue haciéndose cada vez más importante para mí. Tenía treinta y cinco años, pero al igual que cuando era pequeña, me ilusionaba la idea de conocerlo, soñaba diferentes encuentros, cenas, viajes... y eso me ayudaba.

Sin embargo, ahora que sabía que iba a venir a Madrid me sentí muy intranquila. De niña creía que algún día nos encontraríamos, nos reconoceríamos de inmediato y viviríamos el resto de nuestra vida juntos y felices. Yo lo había reconocido, pero ¿qué pasaría con él? ¿Tendría algún recuerdo de la otra dimensión en la que coincidimos, como me había pasado a mí, o sería una extraña para él? Solo podía esperar a que nos viéramos por primera vez aquí, en este mundo, para comprobarlo.

Por otro lado también estaba impaciente por conocer a la joven Cecilia, desde que Aguilar me había contado la bonita historia de «amor infantil» entre su hijo y ella. La había visto alguna vez en las revistas del corazón hacía ya algunos años, cuando se casó con el banquero y había sido durante unos meses un personaje habitual en ese tipo de prensa, pero no le había prestado ninguna atención. En estos momentos, sin embargo, quería saber todo sobre ella, aunque no pude encontrar casi nada. Después de la boda no parecía haberse prodigado demasiado en ningún medio y apenas pude encontrar información.

Tampoco la había vista nunca por la clínica. Por lo que me había dicho «El águila», no se llevaba bien con su padre, y para ver a su madre el hospital no era el mejor lugar donde acudir, ya que Cecilia apenas iba por allí.

Su medio hermana, la hija de la genetista que estudiaba medicina, como lo habían hecho sus padres, sí que iba de vez en cuando a visitar a Aznar. Aparentemente, «El demonio» estaba más unido a su segunda hija que a las otras dos. Con Cecilia no se llevaba bien, y la pequeña tenía edad para ser su nieta más que su hija. Esto me conmovía bastante, dada mi condición de frustrada mediana repetida, ya que sin quererlo de inmediato me solidarizaba con los medianos, y el que esta segunda hija fuera la favorita de su padre me parecía conmovedor, por lo raro.

En cuanto a Cecilia Albéniz, desde mi incorporación a la empresa había mantenido conmigo una relación cordial pero distante. «La Ceci», como la llamaban en el hospital, donde todo el mundo parecía tener un mote, seguía teniendo el cargo de jefa de Enfermería, aunque informalmente lo había delegado en su colaboradora más cercana.

Todo el mundo hablaba de la belleza de esa mujer, y ciertamente era muy guapa. Tenía la misma edad que Aznar y Aguilar, pero aparentaba diez años menos que su ex-marido y cinco menos que su otro socio, y eso que este también estaba bien conservado. También era muy alta para su generación, y se mantenía delgada, no porque hiciera dieta, sino sencillamente porque era una pija delgada, hija de pija delgada y nieta de pija delgada. Cecilia era así, una pija de manual, y estas son delgadaaaas. Aunque tenía unos bonitos ojos que a primera vista le daban un aire felino, la falta de expresión de su rostro anulaba en cierta medida esta primera impresión. Su belleza era inexpresiva; era como mirar un cuadro hiperrealista de una mujer bellísima que no consigue provocar en ti ninguna sensación. No sabes si te gusta o no porque no te hace sentir nada. Así era la cara de Cecilia, o al menos así lo era para mí. Siempre que me la cruzaba pensaba que nunca podría haber sido actriz; su rostro era incapaz de expresar ningún sentimiento.

«La Ceci» se había vuelto a casar, cinco años después de su divorcio, con un auditor, socio de una de las «Big Four». Formaban una pareja estable y aparentemente feliz, pero yo pensaba que ella nunca había olvidado a Aznar, al igual que mamá no había olvidado a mi padre. Cecilia parecía haber encontrado a otro hombre –mi madre los encontró, pero no los quiso en su vida–, pero había algo en las dos mujeres que me llevaba a pensar que sus sentimientos eran muy parecidos. Por supuesto no tenía ninguna evidencia de esto, pero estaba casi segura de que era así.

Mi relación con la tercera socia mayoritaria de Los Tres Ases, sin embargo, comenzó a hacerse algo más íntima a los pocos meses de mi llegada. Una tarde vino a buscarme, aconsejada por «El águila». Necesitaba mi ayuda para solucionar el penúltimo problema causado por las excentricidades de su ex-marido.

Esta vez el problema afectaba a la jefa de enfermeras en funciones, la que realmente hacía el trabajo de Cecilia: Julia. La mujer era algo más joven que los tres socios fundadores, pero no mucho. Empezó a trabajar con ellos cuando abrieron la clínica. Parece ser que de jovencita era muy mona y «El demonio» estaba encantado con ella. Sin embargo, con los años la mujer había cogido mucho peso y Aznar le había cogido manía. Cuantos más kilos engordaba la pobre, más tirria le tenía «El demonio» y últimamente había decidido hacérselo saber abiertamente y no paraba de meterse con la pobre. Empezó diciéndole que tenía caspa y que se lavase el pelo, continuó añadiendo que le olía el aliento y que debía tener una higiene bucal más adecuada, pero el día que Cecilia vino a verme había ido un poco más lejos y le había dicho que se lavase porque apestaba, y que cómo no iba a apestar si estaba como una foca y sudaba en consecuencia. La pobre enfermera no pudo aguantar más, entró en una crisis nerviosa y se fue directamente al centro de salud, donde le dieron la baja por ansiedad. Nada más salir llamó a la empresa para decir que al día siguiente interpondría una demanda contra Ángel Aznar por acoso laboral.

Cecilia estaba desesperada; esa mujer era realmente la jefa de Enfermeras, y lo hacía muy bien. Además, era una persona de confianza, una buena profesional y una buena amiga, y la actitud de su ex-marido era a todas luces intolerable. La verdad es que parecía sinceramente afectada por lo ocurrido.

Después de numerosos intentos pude hablar con la enfermera. Nos conocíamos de la clínica, pero hasta ese día nunca habíamos cruzado palabra. Conectamos desde el principio. Yo le hablé de mis problemas psicológicos y ella a mí de los suyos. Con ello conseguí una tregua. No interpondría ninguna demanda hasta reunirse conmigo.

Quedamos un primer día para merendar, y luego algunos otros. Aunque Julia merendaba pasteles y yo solo tomaba un descafeinado, pasamos buenos momentos juntas. Ella disfrutaba comiendo sus bollos y yo sufría por no poder comerlos (a pesar de haber perdido bastante peso tras el accidente de mi familia, conservaba la obsesión por no engordar, adquirida tras muchos años de costumbre. Lamentablemente yo no era una pija delgada, hija y nieta de pijas delgadas).

Realmente, la jefa de enfermeras en funciones era una mujer muy competente y profesional, inteligente y con buenos valores. Era una pena que la clínica Los Tres Ases la perdiese por los caprichos de un psicópata como Aznar, al que no le gustaban las gordas, cuando él tenía casi el mismo sobrepeso que la mujer a la que despreciaba.

Finalmente acordamos una prejubilación para Julia con el sueldo íntegro hasta la jubilación definitiva. Su puesto de jefa de enfermeras (sin sueldo y sin cargo) lo ocuparía Loreto, otra enfermera de la primera promoción, que además estaba delgada y que seguía siendo atractiva a pesar de que tenía la misma edad que la anterior.

Aguilar y Cecilia estuvieron de acuerdo y «El demonio» no; se empeñaba en querer ir a juicio, amparándose en que él no había insultado a nadie, y solamente había constatado un hecho objetivo. Decía que únicamente había llamado gorda a Julia, y que si no quería que se lo llamasen no tenía más que adelgazar.

Sin embargo, una vez más tuvo que acatar la decisión de sus dos socios, que sumaban mayoría. Volvió a pagarla conmigo, porque no lo apoyé en sus desvaríos. Estuvo dos semanas sin hablarme, y cuando se le pasó, volvió a invitarme a comer como si nada hubiera ocurrido. Esta segunda vez su enfado me afectó mucho menos. Ya empezaba a acostumbrarme a su maldad.

Una vez resuelto el problema, Cecilia comenzó a ser más amable conmigo, y por lo menos me saludaba cuando nos cruzábamos, lo que no era muy común en ella.

Un día, cuando yo salía para comer, coincidimos en la puerta y me dijo algo que me puso muy nerviosa:

–Henar, ven que te voy a presentar a mi hija. He quedado a comer con ella porque hoy es su cumpleaños. Cumple treinta y siete. Realmente me parece mentira.

Aunque a Cecilia madre se la veía ilusionada por presentarme a su hija, la verdad es que esta me ignoró completamente. No se molestó en mirarme ni un solo momento.

–Vamos, mamá, tenemos que comer deprisa, que después he quedado con Charlie.

El corazón me dio un vuelco. Como me había anticipado su padre, «el príncipe azul que yo soñé» había venido a celebrar el cumpleaños de su amiga. A lo mejor tenía la oportunidad de verlo, pensé mientras las dos mujeres se alejaban.

Las observé mientras se marchaban. La hija no era tan guapa como su madre, ni tenía su tipo ni su estilo. Cecilia Albéniz podía tener una belleza insulsa, pero no cabía la menor duda de que era una mujer «de bandera». Su hija no se parecía a ella; se parecía a su padre, al igual que la mayoría de los hijos mayores. Tampoco era alta (no sabía cómo había sido modelo, si debía medir solo unos centímetros más que yo, y yo era baja), y sobre todo no era simpática. En esto no se parecía a su progenitor, que además de psicópata era encantador. Cecilia hija parecía distante como su madre, que se cruzaba contigo en el trabajo y ni siquiera te miraba (aunque últimamente hubiese empezado a saludarme algunas veces). Como ocurría tantas veces, la hija parecía haber heredado lo malo de los dos padres.

Después de conocerla me quedé más tranquila. Nos imaginé a ambas en un escaparate donde se pudieran observar todas nuestras virtudes y defectos. Yo era más baja, tenía las caderas más anchas, estaba en una situación económica deplorable y además estaba loca; sin embargo, y a pesar de todo por lo que había pasado, seguía sonriendo, siempre saludaba, mi conversación era agradable y tenía algo difícil de definir que los demás podían ver y que me hacía especial. Ella era rica, pero tenía demasiados huesos y el tono de su piel era apagado, quizás porque era vegana. También era altiva con los demás y, lo peor de todo, tenía «cara de vinagre», como decía mi madre. Me fui pensando que en el caso de tener que escoger entre las dos, la mayoría me elegiría a mí antes que a ella, y eso me hizo feliz.

* * *

Cuando las dos Cecilias se alejaron de Henar, la madre le preguntó a la hija:

–Bueno, ¿qué te ha parecido?

–¿Quién?

–Quien va a ser: Henar, la chica que te acabo de presentar.

–No sé, no me he fijado. ¿Quién es?

–Cecilia, deberías poner más atención en lo que te digo. Es Henar Márquez, la nueva directora de Recursos Humanos.

–Mamá, sabes que no me interesa nada la clínica, y menos todavía la gente que trabaja allí. Me aburre todo lo que huela a sanitario; creo que no te cuento nada nuevo.

–Henar no es sanitaria, y además deberías interesarte por el hospital, porque algún día será tuyo, o por lo menos la mayoría. Por mucho que se empeñe tu padre, nunca podrá hacer que sus otras hijas tengan una parte igual a la tuya.

–Mamá, que la pequeña tiene siete años; no sé qué me estás contando.

–Lo sabes perfectamente, así es que no te hagas la tonta. Cuanto antes te involucres en lo que es tuyo por derecho, mejor te irá. Ahora estás bien con tu marido, pero eso puede cambiar. Y además, con lo viejo que es, si se muere no tendrás ni un euro, todo irá a parar a sus hijos, igual que lo mío será para ti; es una cosa de justicia. Tú tienes que contar con mi herencia y con una parte de la de tu padre es de lo que tienes que vivir. De tu marido no verás un euro.

–Bueno, cambiemos de tema; ahora no quiero hablar de eso.

–Ya, ni ahora ni nunca,

Cecilia madre suspiró resignada, pero cambió de conversación; no quería discutir con su hija el día de su cumpleaños. Bastante discutían ya el resto de los días del año, así es que volvió al tema de la directora de Recursos Humanos.

–En el hospital se dice que Henar es la amante de Aguilar.

–¿Del padrino? ¿Estás de broma?

–No, de broma no estoy, eso se comenta, aunque yo no me lo creo. Ya sabes la vieja historia: ninguna mujer puede llegar a un puesto directivo por sus propios méritos; siempre tiene que estar en esas posiciones por estar liada con alguien; eso nunca va a cambiar... Pero la verdad es que Carlos está muy influenciado por ella, la escucha en todo y está habiendo muchos cambios en la organización. A tu padre también le gusta, aunque eso no es ninguna novedad; ya sabes que a él le gustan todas.

–¿Y ella se lleva bien con papá? Porque me parecería increíble.

–Pues sí, pasa mucho tiempo con los dos y se lleva de maravilla con ambos. Por lo visto su hijo murió en un accidente de coche. No habla de ello, pero te puedes imaginar por lo que pasó. Cuando me enteré entendí por qué Carlos se lleva tan bien con ella; seguro que se siente identificado. Ya sabes que no ha superado el accidente de su familia.

–¿Y papá por qué se lleva bien con ella? ¿Está buena? La verdad es que no me he fijado.

–Bueno, es guapa, pero no creo que sea por eso. Hay algo en ella que la hace diferente; yo creo que es «auténtica». Sí, eso es lo que la define. En el mundo de apariencia en el que vivimos, ella es real; yo creo que llama la atención por eso.

–Vaya mamá, veo que «la señorita Henar» ha conquistado a «los tres ases»; la próxima vez que la vea me fijaré más en ella.

»¿Y hay un marido en su vida, o es de las que son tan independientes que se inseminan en vuestras clínicas para no depender de nadie?

–Eso no lo sé todavía; hay cierto misterio en torno a él, ella nunca lo nombra. Algunos dicen que también murió en el accidente, pero realmente no se sabe ni siquiera si ha habido algún marido. Es una especie de misterio que la rodea. Tu padrino debe conocer la verdad, pero ya sabes lo discreto que es. Si le preguntamos nos va a decir que ella nos responderá mejor.

–Bueno, ya nos enteraremos –concluyó Cecilia hija–. Y ahora comamos rápido que Charlie me está esperando y no quiero llegar tarde.

VIII. EL PRÍNCIPE AZUL QUE YO SOÑÉ

Los días siguientes al cumpleaños de Cecilia me arreglé más de lo normal (que ya era mucho). Mi mejoría se notaba en parte porque cada día cuidaba más mi aspecto. Siempre había sido muy coqueta, pero tras el accidente había quedado sumida en una tristeza tan grande que había perdido las ganas de vestirme, pintarme, cuidarme y hasta de lavarme. Antes de aquello me gustaba llevar ropa de colores, pero después comencé a vestir de negro, marrón o gris, a juego con mi estado de ánimo.

Una de las mejores cosas de mi incorporación al trabajo era no solo que había vuelto a tener una higiene adecuada (lo que de por sí ya era muy importante), sino que poco a poco iba siendo yo misma. No iba a la peluquería como antes del accidente porque la situación económica en la que me había dejado mi marido con su muerte no me lo permitía, pero me arreglaba yo el pelo, me maquillaba cada día y siempre iba impecablemente vestida. Poco a poco volví a usar mi guardarropa. Afortunadamente tenía ropa para dos vidas más, y como nunca había seguido demasiado la moda, sino que tenía un estilo de vestir atemporal, no tenía necesidad de renovar el vestuario.

Aunque fuese como un mecanismo de defensa seguía pensando mucho en Charlie. Lo había hecho cada noche durante muchos años. Juntos habíamos vivido muchas aventuras: por el lejano oeste montados en nuestros caballos, por la selva como Tarzán y Jane, por el Imperio romano ataviados con preciosas túnicas blancas, o por alguna guerra con historia de amor feliz. Todo dependía de la película que hubiese visto ese sábado por la noche con mi padre, forofo del cine clásico. Charlie y yo nos convertíamos en los protagonistas de las películas que yo después reconstruía en mi cabeza basándome en aquellas otras maravillosas. Cambiaba a mi gusto el escenario de la acción, y también la cara de mi amado: unas veces se parecía más a Paul Newman y otras a Robert Redford. También a James Dean e incluso un poco a Marlon Brandon (aunque este no fuese rubio). Lo que nunca variaba era su profesión de médico, su melena rubia, ni sus ojos claros.

Con el paso de los años fueron cambiando los protagonistas de las películas y esos galanes de Hollywood fueron sustituidos por otros bastantes más reales, pero también mucho más feos. Yo, sin embargo, me mantuve fiel a mí misma y jamás imaginé a mi príncipe azul con la cara de Dustin Hoffman o de Gérard Depardieu; eso me hubiera parecido un verdadero sacrilegio.

Pero a medida que iba creciendo, todas aquellas películas inventadas empezaron a aburrirme y antes de dormir prefería ensayar lo que iba a decirle al día siguiente a ese moreno tan guapo que iba al curso de mi hermano mayor. Aunque algunas veces recordaba mis sueños infantiles y la inocencia de estos, Charlie terminó saliendo de mi vida para siempre. O por lo menos eso pensaba yo.

Probablemente si le hubiera visto en la foto, con su cruz de madera al cuello en otro momento de mi vida, ni siquiera lo hubiese asociado con mi amor infantil. Pero ahora todo era diferente, ahora sabía que había situaciones en la vida que no tenían explicación, como que mi marido muerto se empeñase en seguirme por todas partes. Estaba segura de que solamente podía verlo yo, mirándome con su mirada triste que imploraba mi perdón. Que los demás no pudieran verlo no quería decir que no estuviese allí, detrás de mí, escondido en alguna esquina, en otra dimensión de la realidad que ahora sabía que existía.

Era consciente de que había empezado a pensar en Charlie para olvidar a mi esposo, y también lo era de que no lo había conseguido. Ahora tenía la sensación de que me estaba vengando de él, y por eso, cuando aparecía en mis pensamientos, no lo desterraba de ellos de inmediato, sino que me permitía recordarlo, aunque fuese solamente unos instantes. Sin duda había sido el amor de mi vida. Cuando murió con treinta y cinco años llevábamos juntos diecisiete, la mitad de nuestra existencia. Juntos habíamos crecido, pasando de la adolescencia a la juventud. Había sido mi amante, mi amigo, mi compañero y el padre de mi hijo. Juntos habíamos vivido momentos buenos, regulares y malos; si pudiéramos borrar el accidente, el balance habría sido muy positivo.

Siempre habíamos estado enamorados, yo de él y él de mí. En este sentido me consideraba una mujer afortunada que había conocido el amor verdadero. Tenía claro que existía, y también sabía que era difícil de encontrar, y más difícil de mantener, pero nosotros lo habíamos conseguido, o por lo menos hasta el momento de su muerte. Hasta entonces él me quería, y yo lo quería a él; ahora, sin embargo, lo odiaba todavía con más intensidad de la que lo había amado. Él, por el contrario, parecía seguir amándome y no me dejaba en paz, volviendo de entre los muertos para atormentarme, y por eso lo odiaba más todavía.

Antes del accidente me parecía casi perfecto, aunque por supuesto no lo era (aunque él a veces pensaba que sí). Era tan guapo, tan fuerte, tan sensato, tan cabal, y sobre todo tan distinto a mí... A menudo me preguntaba qué habría sido de mi vida si no lo hubiese conocido, si yo hubiese terminado en África (como Charlie), ya que era mi sueño de pequeña. Imagino que por eso inventé esa historia de amor con un *alter ego* que vivía una forma de vida con la que una parte de mí soñaba de niña.

Creo que mi marido supo ver en mí la vena sensata, esa que me hacía querer ser una directiva de alguna empresa, con mi traje chaqueta y mi cartera de cuero. Supo cómo potenciar este último aspecto de mi carácter y finalmente abandoné cualquier sueño relacionado con las misiones. Ahora que ya no tenía nada que me apegara a este mundo de capitalismo salvaje en el que vivíamos seguía aquí, y me había reincorporado a la vorágine del trabajo. Imagino que era lo que sabía hacer mejor, y a las personas nos gusta hacer lo que se nos da bien.

Tenía una amiga profesora, que había ido alguna vez de voluntaria a alguna misión en Sudamérica y, cuando me interesé en acompañarla, me dijo que nunca había conocido a nadie peor que yo para ayudar en una misión humanitaria. Según ella, yo allí solo podría molestar; no tenía carácter para ello. Probablemente tenía razón, como la tenía mi marido en un montón de ocasiones, aunque yo no se la quisiera dar. Al final claudiqué; si en las misiones iba a ser una inútil y aquí era buena en mi trabajo no me iba a ir allí a fracasar.

Mi esposo a veces tenía mal genio y no era cariñoso, pero, aunque esto me importase al principio de la relación, al final no me afectaba. También quería siempre ser superior a mí en todo, pero esto es algo que les ocurre a la mayoría de los hombres; en eso no era diferente a los demás en absoluto. Sus ancestros podían más que su cerebro. Ciertamente era más inteligente que yo en muchas cosas, pero yo lo era más en otras y aunque trataba de explicarle que existían inteligencias múltiples y que, como decía aquel cantante, «El amor es el único juego en el que hay que empatar», nunca pude convencerlo; él quería ganar siempre, como en los deportes, que tan bien se le daban.

Aun así aceptó mi éxito profesional, al contrario de muchos hombres de nuestra generación, que de una manera o de otra conseguían que sus mujeres nunca estuviesen profesionalmente a su altura; o de muchas mujeres que, víctimas del patriarcado, asumían la posición de superioridad de sus maridos, que las condenaba a tener siempre una posición profesional secundaria en la pareja, aunque muchas veces no lo merecieran por su formación o capacidad.

Creo que de haber muerto él solo en el accidente jamás le podría haber reemplazado por otro, ni siquiera en el pensamiento. Después de un año de absoluta inapetencia sexual, con la reducción de la medicación, mi cuerpo de mujer todavía joven había reaccionado y alguna vez tenía sueños eróticos, y siempre eran con él. No podía soportarlo. Me negaba a pensar en él, pero mi cuerpo le seguía deseando. Cuando me ocurría siempre me venía a la cabeza una canción de Camilo Sexto que decía «porque hasta en sueños te he sido fiel». Era el colmo, ser fiel hasta en sueños, pero por lo menos me consolaba pensar que no era la única persona a la que le pasaba; si hasta había una canción para contar esto.

Pero como no podía controlar mis sueños y sí podía controlar mis pensamientos, cada día pensaba más y más en Charlie para vengarme, para aferrarme a otro hombre, para no pensar en mi maldito marido asesino de mi niño y para luchar contra la tendencia a perdonarlo que había empezado a surgir en mí.

IX. EL REENCUENTRO

Finalmente, a los pocos días de mi encuentro con las dos Cecilias, el hijo del «águila» se presentó por la oficina. Era más alto que en mis sueños, y más delgado, y llevaba el pelo más corto que en la foto que su padre tenía en el escritorio. Llevaba puestos unos pantalones vaqueros y una camisa de lino blanca que acentuaba el moreno de su piel. Me pareció guapísimo. Saludó amablemente a todos, con un hola acompañado de un efusivo movimiento de manos, y se dirigió hacia Francisco, el tesorero, que era el trabajador más mayor y el más antiguo de la empresa. Los dos hombres se saludaron cariñosamente y comenzaron a charlar.

–Ese es el hijo de Aguilar, ¿verdad? –le pregunté a Dolores, aunque ya conocía la respuesta.

–Sí, ¿cómo lo sabes?

–Vi la foto que su padre tiene en el despacho. Es muy atractivo –comenté.

–No tanto. Yo creo que el padre tuvo que ser más guapo que él. Me parece mucho más interesante que el hijo.

–Bueno, ya sabes que el «libro de los gustos se quedó en blanco» –le dije, aunque sin entender que hubiera alguien a quien pudiera no gustarle ese hombre.

El joven Carlos concluyó su charla con mi compañero y se dirigió al despacho de su padre. Aunque en el camino cruzó una mirada conmigo, no creo que me viera. A mí sin embargo el corazón me dio un vuelco.

Me dirigí al cuarto de baño con la intención de retocarme el maquillaje, por si volvía a verlo cuando terminara su visita. Ese día yo llevaba un vestido amarillo largo hasta los pies, con un aire hippie, que me gustaba mucho; era la primera vez que me lo ponía desde el accidente. Me pinté un poco los labios y le di mi aprobación a la chica que me miraba desde el espejo.

Cuando salía, escuché a la recepcionista suplente:

–Hola, Jordi. No, Aznar no está; si quieres le puedo dejar un recado.

Salisachs le habló desde el otro lado del teléfono.

–Vale, que te llame inmediatamente, que ha habido un problema importante con la nómina. Sí, ya lo he apuntado. Oye, si quieres te puedo pasar con Aguilar, o con Henar, si es un problema de su área.

La de recepción escuchó de nuevo.

–Muy bien, te paso entonces con don Carlos. Adiós, Jordi.

Mientras iba a mi sitio, sentí un nudo en el estómago. ¿Qué problema podía haber para que Jordi llamara a Aznar y ante su ausencia quisiera hablar con Aguilar antes que conmigo?

No tardé en saberlo, ya que este último me llamó a los pocos minutos a su despacho. Estaba muy serio.

–Pasa, Henar. Te presento a mi hijo Carlos.

–Encantada –dije mientras me ponía de puntillas para darle dos besos a modo de saludo.

–Igualmente –contestó él, al tiempo que se dirigía hacia la puerta–. Papá, me marcho. Te llamaré antes de irme.

«El príncipe azul que yo soñé» salió y yo escuché la historia de la que sería otra gran batalla que emprender en la clínica Los Tres Ases.

–Siéntate, Henar –me dijo «El águila»–. Me ha llamado Jordi Salisachs. La financiera de Barcelona ha estado conciliando las cuentas de nómina, que estaban algo retrasadas. Por lo visto le había subido el coste de su clínica sin razón aparente. Berta les había llamado desde su casa pidiéndoles una explicación y han tenido que mirarlo todo exhaustivamente. Han descubierto que los pagos de las nóminas no coincidían con los costes contabilizados. Desde hace bastantes meses hay diferencias. Hoy le han pedido un listado de los recibos de salario a Dolores y han encontrado un pago fantasma a un tal Luis Rodríguez Pérez. El pago coincide con el descuadre, pero el caso es que este señor nunca ha trabajado en la clínica de Barcelona, ni en la de Pamplona, ni en la de Marbella, ni en la de Madrid. No hay recibos suyos, solamente los cargos bancarios. Le han pedido a Francisco un detalle de las transferencias de los últimos seis meses y lo está mirando, pero me atrevo a asegurar que va a ser el mismo empleado ficticio el que justifica la diferencia de los costes. Lamentablemente, estos pagos se han producido desde tu incorporación a la empresa.

Me quedé blanca. No podía creer lo que me estaba contando.

–Doctor, no creerás que he sido yo ¿verdad? –le pregunté, al tiempo que mis ojos se llenaban de lágrimas.

No había vuelto a llorar desde después del accidente, y creí que ya nunca podría hacerlo. Había pensado que mis lagrimales se habían quedado secos para siempre, pero al parecer no había sido así.

–No, no lo creo, Henar –me contestó Aguilar dulcemente–, si lo hubiese creído no te habría llamado. Pero Berta ha llamado a Salisachs y está firmemente convencida de que tú estás detrás de esos pagos. Al parecer hasta le había prohibido llamarme a mí, porque pensaba que te defendería. ¡Menuda cretina!

–¿Y cómo puede pensar una cosa así de mí? ¡No me conoce de nada! Me parece muy injusto por su parte.

–No la voy a defender, porque ya sabes que no es santo de mi devoción, pero sinceramente es lo más fácil de pensar. Nunca ha habido un descuadre en los costes; llegas tú y se produce. ¡Para qué buscar más!

–Ha tenido que ser Luis –dije de repente–. Se apellida Rodríguez, y estoy convencida de que es un adicto, creo que toma cocaína. Está todo el día tocándose la nariz y tiene un comportamiento muy extraño. El mes pasado le autoricé un anticipo; me dijo que se estaba comprando una casa y tenía muchos gastos, pero no le creí. Estoy segura de que ha sido él. Tenemos que investigar quién es ese Luis Rodríguez Pérez; tiene que ser un familiar. Coinciden el primer nombre y el apellido: Luis Rodríguez Fernández, Luis Rodríguez Pérez. Es cierto que hay miles de personas con esos apellidos, pero de alguna manera tienen que justificarse esos pagos indebidos, y te prometo por mi hijo muerto que yo no he sido.

–Déjalo en mis manos. Hablaré con seguridad. Tú realiza una investigación profunda de los pagos y trata de averiguar cómo ha sucedido todo. Francisco te ayudará. Es de plena confianza. De todas formas, no entiendo que, teniendo esas sospechas de un colaborador, no me hayas dicho nada.

–Algo le comenté a Manuel en los primeros días de mi incorporación después de que me rayaran el coche un día que lo traje y lo aparqué en la plaza de Francisco, que estaba de vacaciones. Bueno, realmente no me lo rayaron; me hicieron una A, parecida al logo de la clínica, en el capó. Inmediatamente sospeché que había sido Luis, pero no tenía ninguna prueba. Manuel me contestó que llevaba siete años trabajando con él y que era de su entera confianza. Me comentó que era muy joven y estaba decepcionado porque quería mi puesto, pero que no era mal chico.

»Sin embargo, pocos días después me pareció que me seguía con su coche. Fue una noche que salimos tarde, por los problemas que hubo con la nómina al principio, ya sabes. Poco antes de llegar a mi casa se desvió. Al día siguiente le pregunté si había ido por la zona de Aluche y me dijo que no.

»También le comenté algo a Aznar, pero prácticamente me dijo lo mismo que me había dicho Manuel: que Luis llevaba aquí mucho tiempo y que, aunque tenía un carácter un poco extraño, nunca había dado problemas en la empresa. Sinceramente no quise hablar contigo y contarte todas estas cosas para que no pensases que mi depresión había derivado en una paranoia. Los demás no saben que estoy loca, pero tú sí.

–No estás loca, Henar, solo estás deprimida, y con razón. Y deberías confiar más en mí, y menos en Aznar. Ya sé que os lleváis muy bien, pero no debes fiarte de él; sencillamente no es de fiar.

–Yo no confío en nadie, doctor. Sé que la confianza siempre es rentable, y además soy de naturaleza confiada, pero también sé donde estoy: en un trabajo, y sé cómo funcionan estos entornos. No soy nueva, y no soy tonta.

»Ahora me doy cuenta de que te lo tenía que haber contado; siento mucho haberte defraudado al no haberte hablado de mis sospechas. Lo siento de verdad, y no sabes lo que agradezco la confianza que me has brindado. No te defraudaré. Ahora me voy, que tengo una investigación que hacer.

Al salir del despacho del Dr. Aguilar me crucé con su hijo, que volvía al mismo. A pesar de que me encontraba muy mal por todo lo ocurrido con las transferencias al empleado fantasma, le sonreí y, por decir algo, comenté:

–¿Aquí de nuevo, Carlos? ¿Olvidaste algo?

Él me contestó un poco sorprendido:

–Sí, mi chaqueta. Donde vivo no las usamos y cuando vengo aquí me la olvido en todas partes.

Me sonrió y se metió en el despacho de su padre.

* * *

Carlos Aguilar junior había olvidado su chaqueta. Se dio cuenta cuando salió a la calle porque sintió frío. Al volver se cruzó con la supuesta amante de su padre, Henar.

Ella le sonrío dulcemente, a pesar de que estaba demacrada por el problema con las transferencias a empleados fantasmas, o eso imaginaba. Había escuchado la conversación que se había producido en el despacho con el director de Barcelona.

La verdad es que no imaginaba a su progenitor con una mujer tan joven. A lo largo de los años de viudedad le había conocido alguna relación, pero siempre con mujeres de su edad. No era el tipo de hombre que se va con jovencitas. Si realmente estaba con esta chica tenía que ser con algún fin. Pensar en ello le ponía nervioso, pero la verdad es que su padre cada vez estaba más insistente con la idea de que se casase y tuviese hijos. Parecía haber asumido ya que a él no le interesaba su flamante clínica Los Tres Ases, pero no había renunciado a que, cuando muriese, esta pasase a sus descendientes. Por eso necesitaba tener nietos. Llevaba dos años obsesionado con el tema, sin obtener ningún resultado, por supuesto.

¿Podría estar pensando en tener más hijos él mismo? La idea le había venido a la cabeza en el mismo momento en que Cecilia le había dicho que su padre estaba con una mujer mucho más joven que él. Conociéndolo no podía ser otro el motivo. Además, si tenía un hijo con una directiva de la empresa, ella podría ocuparse del hospital si moría pronto, se quedaba tonto, o si le apetecía disfrutar de la vida, algo que no había hecho jamás.

¡Dios Mío! Lo tenía todo pensado. Le conocía muy bien. Seguro que, con su obsesión por la genética, había estudiado hasta el último de los ascendientes de la mujer antes de contratarla y liarse con ella. Siempre decía que la protección de datos y la genética eran incompatibles. A medida que lo analizaba se le iban clarificando las intenciones de su progenitor; lo que no sabía era cuánto de las mismas conocería la chica.

Cecilia le había contado que había perdido un hijo, y desde luego tenía ese halo de tristeza en la mirada. En África había conocido a muchas mujeres cuyos hijos habían muerto. Allí era muy normal, con la mortalidad infantil tan alta, pero el que fuese común no impedía que las madres tuvieran la tristeza reflejada en sus ojos para siempre. Sonreían, eso sí, pero solo con la boca, como había hecho Henar cuando lo saludó.

¿Se habría refugiado en su padre para superar la pérdida o sería simplemente una aprovechada que podía ver asegurado su futuro y el de tres generaciones más con el dinero de un marido viejo?

Probablemente nunca lo sabría, como no había sabido por qué Cecilia se había casado con un hombre tan mayor, aunque la verdad es que tampoco se lo había preguntado.

Charlie decidió que la respuesta no le importaba en absoluto. Afortunadamente, en solo unos días volvería al Congo y se olvidaría de Los Tres Ases, y de todas las personas que allí trabajaban, incluido su padre.

Pensándolo bien, si tenía él mismo otro hijo se le quitaría la manía de que lo tuviese él; a lo mejor no era mala su aventura con una mujer treinta años más joven. Sinceramente le importaba muy poco; él solamente quería vivir su propia vida.

X. EN BUSCA DEL HOMBRE INVISIBLE

El problema del empleado fantasma cobrando una nómina todos los meses me había impedido disfrutar del encuentro con «el príncipe azul que yo soñé».

Cuando me lo crucé saliendo del despacho de su padre traté de sonreírle, pero más que una sonrisa me salió una mueca, como a la princesa de la canción de Sabina.

Siguiendo las instrucciones del «águila», me fui a buscar a Francisco el tesorero, que era un «ni bueno ni malo» y que se había portado como un «bueno buenísimo» conmigo desde el día de mi incorporación.

Francisco era el empleado de más edad y antigüedad de la empresa. Su padre había sido el guardés de la finca que la familia de Carlos Aguilar tenía en Vejer, el pueblo más bonito de Cádiz, y se había criado allí, en el campo junto con su familia. Era el hermano más pequeño y al parecer el más espabilado de los seis hijos que su progenitor tuvo con sus dos mujeres (ya que, tras fallecer su primera esposa, se casó con la hermana pequeña de la difunta) y desde muy niño le encantaban los números.

El padre de Carlos Aguilar le cogió cariño y permitía que recibiera clases con sus hijos todos los veranos, ya que, con la excepción de Carlos («El águila»), que seguiría sus pasos en el mundo de la medicina, el resto de sus descendientes suspendían la mayoría de las asignaturas y repetían curso una y otra vez.

Cuando la adinerada familia del primer doctor Aguilar volvía a Madrid siempre dejaban por allí algún libro de texto que Francisco estudiaba por las noches cuando terminaba de trabajar en el campo. Cada año iba a examinarse a Cádiz por libre y así consiguió terminar la educación básica y después el bachillerato.

Ya trabajando continuó estudiando en la escuela nocturna y consiguió un peritaje mercantil que le abrió las puertas para trabajar como contable en una empresa constructora, primero en Cádiz, más tarde en Sevilla y finalmente en Madrid.

Cuando el único hijo estudioso del viejo Aguilar fundó la clínica Los Tres Ases con sus dos amigos le pidió a Francisco que llevara la contabilidad por las tardes, y cuando la compañía empezó a crecer le ofreció un contrato a tiempo completo, mejorándole las condiciones de trabajo que tenía en la empresa de construcción.

Los compañeros más mayores del departamento de contabilidad a menudo bromeaban y se reían de la época en la que Francisco era «el jefe». La verdad era que el hombre parecía trabajar mejor solo y le costaba delegar y organizar el trabajo de los demás. Por eso, cuando ya hubo tres o cuatro personas en el departamento, Carlos Aguilar, consciente de la situación, le hizo una oferta a la primera auditora que aterrizó en la compañía: Fedra Sanz. Esta se incorporó a la empresa y durante unos años todo funcionó correctamente.

Fedra era venezolana y tenía un carácter amable y servicial. Hablaba perfectamente inglés, ya que había iniciado su trayectoria profesional en Londres y se había casado con un francés, por lo que también dominaba el idioma de nuestros vecinos. Oficialmente era la *controller* financiera, pero la verdad es que a menudo traducía los informes y protocolos médicos, hacía de intérprete de las pacientes extranjeras que no hablaban español, le llevaba a Aznar los trajes a la tintorería, que le pillaba de camino a su casa, cada vez que se divorciaba, o negociaba las tarifas del teléfono o de la luz.

Francisco y Fedra (los «F», como los llamaban en la clínica de los mil apodos) hicieron un buen equipo durante unos años; ambos se ayudaban y se respetaban.

Todo cambió cuando «El demonio» metió como becaria en el departamento a Berta Hernández, la hija de un amigo del Club de Campo. Creo que ni la *controller*, ni el entonces jefe de contabilidad fueron conscientes del peligro que aquella chica escuálida y respondona iba a suponer para ellos, y ambos le enseñaron y la apoyaron desde el principio, y poco a poco, y sin que se dieran apenas cuenta, se convirtió en la jefa de ambos.

Fue Francisco el que me contó esta historia, y otras muchas que habían ocurrido en la clínica desde sus inicios. A ninguno de los dos nos gustaba el café de máquina y de vez en cuando salíamos a desayunar fuera. Entre café y café empezamos a hablar de nuestra vida, de nuestra infancia, de nuestra familia, de nuestros amigos, de nuestros miedos... Y poco a poco empezamos a apoyarnos el uno en el otro, a pedirnos consejo profesional, sobre todo con los «conflictos imaginarios» que a veces se producían en la organización.

A veces me pregunto cómo habría sido mi vida en Los Tres Ases sin su apoyo.

Francisco vivía fuera de Madrid, en la sierra, y algunos domingos hacía paella y me invitaba a comer con su familia. Como yo había roto casi totalmente mis relaciones con los amigos que mi marido y yo teníamos en común (que eran casi todos), porque me dolía demasiado estar con ellos, pues me apuntaba al arroz de los domingos, e incluso algunas veces me llevaba a mi madre. Su mujer era encantadora y por allí aparecían familiares y vecinos, a los que yo no conocía de nada pero que me distraían y en cierta forma me ayudaban a pasar los fines de semana interminables sin mi pequeño y mi esposo.

Yo creo que Francisco me gustaba sobre todo porque era un hombre peculiar y excéntrico. Mi marido me decía que todas mis amigas estaban locas, y lo cierto es que tenía parte de razón. Cuando le pregunté a mi querida psicóloga Gloria sobre cuál podría ser la razón por la que todas mis amistades más cercanas parecían estar un poco desequilibradas, no tuvo ninguna duda en contestar:

–Querida Henar, esa pregunta tiene una respuesta muy sencilla. No son ellos los que te buscan a ti: eres tú la que los buscas a ellos, porque la gente corriente te aburre. ¡No puedo creer que no te hayas dado cuenta!

Imagino que tendría razón porque Francisco era el más raro de todo el hospital. Comía solo cada día la comida que le hacía su esposa y luego se iba a echar unos minutos de siesta al coche, en su plaza reservada en el aparcamiento de la empresa (privilegio que conservaba desde sus inicios en la clínica y que era objeto de envidia por parte de los envidiosos, que eran muchos). Los médicos y los enfermeros jóvenes se mofaban porque decían que sus ronquidos a veces se oían hasta en el quirófano; también los más noveles de su propio departamento se reían de él porque usaba una máquina de escribir,que seguro podría venderse por un buen precio a un anticuario en el rastro de Madrid.

A mí todas estas cosas no me importaban nada. Francisco era un hombre con la mente preclara; estaba totalmente actualizado en su trabajo y para mí era un pozo de sabiduría.

Sin embargo, en la clínica pasaba lo que en la mayoría de las empresas donde conviven diferentes generaciones: los jóvenes desprecian a los mayores por el simple hecho de serlo y no son capaces de profundizar un poco; estereotipan a las generaciones anteriores como anticuadas, desactualizadas o arcaicas, generalizan y todos van al mismo saco. Yo creo que lo hacen porque en el fondo son víctimas de la generación «tapón», formada por hombres (siempre hombres) que con pocos estudios llegaron a la dirección de las organizaciones. Muchos eran incapaces, pero hicieron todo lo posible por no ser desplazados por profesionales más jóvenes y preparados, pero otros muchos como Francisco eran extraordinariamente valiosos para las empresas. Aun así, los jóvenes los despreciaban. Una pena.

Yo con Francisco aprendía cada día y, además, estar con él me hacía sentir bien, respetada profesionalmente y querida personalmente.

Aunque no recuerdo que nadie me lo hubiera enseñado, yo siempre respetaba a las personas mayores, y a menudo me preguntaba en qué momento ese respeto se había perdido en la sociedad y los jóvenes habían decidido no aprender de los que tenían más experiencia que ellos y habían empezado a sentirse superiores por razón de edad, o, mejor dicho, de menos edad. ¡Pobre gente! Al igual que Regina Calvo, todavía no se habían dado cuenta de que llevaban un viejo encima y que algún día alguien se reiría también de ellos, despreciaría su experiencia, su conocimiento y su buen hacer solamente porque habían nacido después y eso les hacía sentirse por encima.

Si Francisco y yo ya nos llevábamos muy bien, las horas que pasamos investigando el asunto de las transferencias del hombre invisible nos unieron aún más. Finalmente, como yo había intuido y le había adelantado al «águila», pudimos comprobar, con la ayuda del departamento de Seguridad, que Luis Rodríguez Pérez no era ningún empleado, sino que era el padre de mi colaborador Luis Rodríguez Fernández, y que este aparecía en la misma cuenta que su progenitor como autorizado, por lo que había sido el beneficiario de todas las transferencias.

Aprovechándose de mi incorporación y de la salida de Manuel, Luis dio de alta a su padre como si fuese un empleado de Barcelona. Tras hacerle las transferencias borraba los registros laborales, pero no dominaba el sistema contable, por lo que los pagos y los costes descuadraban. Para llegar a descubrir dónde estaba la diferencia había que hacer un análisis meticuloso de todos los pagos, y cuando se hizo, apareció una verdad irrebatible: había un ladrón en el departamento de nóminas manejando las transferencias que se hacían en la organización.

Carlos Aguilar y el jefe de Seguridad lo despidieron en el mismo momento en el que yo presenté mi informe, pero incomprensiblemente (al menos para mí), una vez descubierto, Luis demandó a la organización por despido improcedente, alegando que había sido yo la que le había cogido la libreta de ahorros que un día dejó encima de su mesa y había dado de alta a su padre para perjudicarlo a él y quitármelo de encima.

Pero no solo hizo eso; también denunció a la compañía en cada una de las inspecciones provinciales donde esta tenía los centros de trabajo y ante la Agencia Española de Protección de Datos. Dolores me dijo que el odio que me tenía era terrible.

Con carácter previo a todas las denuncias vino a recoger sus cosas y se despidió de todos. Estaba tan campante, o al menos eso parecía; incluso trató de darme dos besos de despedida, como si no hubiese hecho nada. Por supuesto yo no se lo permití, pero la mayoría de mis compañeros se mostraron cariñosos con él; hasta el propio Francisco le dio la mano como si nada hubiera pasado. Es curioso cómo se comportan las personas en el ámbito profesional; no creo que la mayoría sintiese ninguna pena por su despido, pero no sé si por cobardía, por lástima, o por quedar bien, todos lo despidieron como si fuese un empleado ejemplar. De verdad que no sé qué hace el trabajo con los individuos, yo creo que los atonta…

Las semanas posteriores al despido de Luis todo fue raro; Dolores me dijo que ella no creía nada de lo que se había dicho sobre mí y que lo mismo pensaban la mayoría de los compañeros conocedores del problema, pero me comentó que también había otros que opinaban que era mucha casualidad el que las transferencias hubieran empezado en el momento de mi incorporación y que Luis llevaba siete años en la clínica y nunca había pasado nada parecido.

Cuando te ocurre algo así, la sensación de impotencia es enorme porque quieres gritar que tú nunca harías eso, que eres honesta, que siempre lo has sido y que siempre lo serás, pero no puedes hacer nada; tienes que aguantar la desconfianza que cualquier ser mezquino siembra sobre tu persona y luchar contra ella, a veces durante años. Lamentablemente, la verdad es transparente y no se puede ver.

Tardamos meses en resolver todos los problemas legales que Luis inició, las inspecciones, los juicios..., y aunque la empresa gastó mucho dinero en abogados, afortunadamente no hubo ninguna multa o sanción. El despido resultó procedente, la reclamación de cantidad que le hicimos para la devolución de las nóminas fue positiva, y ante la imposibilidad de llegar a un acuerdo con él también interpusimos una querella, que fue admitida a trámite, ya que las cantidades sustraídas superaban el límite a partir del cual la apropiación indebida era un delito penal.

Nunca pude entender que Luis, que sabía de sobra lo que había hecho, fuese capaz de ir a juicio con tal de no reconocer sus actos e imputármelos a mí. ¿Cómo era posible tanto odio hacia mi persona si apenas nos conocíamos?

Finalmente, también fue condenado penalmente, si bien solo se le impuso una multa al no tener antecedentes.

Todo lo acontecido con Luis el ladrón me hizo reflexionar mucho sobre los individuos en el mundo del trabajo. Hasta ese momento había conocido a muchos psicópatas como «El demonio», integrados en la alta dirección de las organizaciones, pero generalmente no había tenido problemas con ellos, ya que siempre había contado con el apoyo de la Dirección General. En la clínica Los Tres Ases también tuve el soporte de los que mandaban, y eso había hecho que, aunque a algunos directores, como Berta o Regina, me odiasen, actuaran con cuidado conmigo por precaución.

Era la primera vez, sin embargo, que me enfrentaba a un enemigo que reportaba directamente a mí; la primera vez que me convertía en víctima de un perturbado que ocupaba una posición inferior a mí en la organización, y la verdad es que había sido una experiencia terrible.

Las compañeras del equipo me dijeron que era evidente que odiaba a las mujeres. Yo sí que me había dado cuenta de que siempre me saltaba y que llamaba mucho a Berta, incluso a Aguilar, pero pensé que le costaba más de la cuenta asumir que no había promocionado o sencillamente que era un «pelota». No podía creer que pudiera existir una animadversión tan grande hacia mi persona, y sobre todo porque yo no le había hecho nada.

Era misógino, avaricioso, ladrón… No debía afectarme su actuación; solamente me había cruzado en su camino. Sin embargo hubo momentos en los que tuve miedo de que pudiera incluso agredirme físicamente.

¿Qué habría hecho una persona así si hubiéramos estado en guerra? Me dieron escalofríos solamente de pensarlo.

XI. «LA FLACA»

A los pocos días de despedir a Luis, Berta Hernández nos convocó a Francisco y a mí a una reunión para pedirnos explicaciones. Estaba a punto de parir a su tercer hijo. Llegó acompañada del segundo, un niño de apenas un año, y todos los compañeros del departamento fuimos a verlo. Era un chico rollizo que contrastaba con su madre, a la que por su avanzado estado de gestación solamente se le veía una tripa picuda y una gran cabeza, que resaltaban extraordinariamente en su huesudo cuerpo.

En algún momento se puso a comentar que el niño vomitaba mucho y siempre olía mal. Yo entonces le recomendé la marca de leche que mejor le había sentado a mi hijo después de haber probado muchas, pues eso mismo le pasó a mi pequeño durante su primer año de vida.

–¿Pero esa leche para qué es, para que no vomite?

–Claro –le contesté yo ingenua.

–Ya, pero es que yo lo que quiero es que vomite. ¿No ves que parece un cerdo?

Cuando escuché aquello me temblaron las piernas de nuevo y me tuve que ir a sentar a mi sitio. El resto, sobre todo las chicas, todavía estuvieron un buen rato con ella.

No pude asistir a la reunión a la que nos había convocado. La escena había sido demasiado fuerte para mis nervios.

Me disculpé diciéndole que me había mareado y me fui. Todo el trayecto en el metro estuve llorando. No podía soportar que mi hijo, que nació con bajo peso y con el que me costó tanto que alcanzara un peso normal, estuviera muerto y que la preocupación de aquella mujer fuera que su hijo vomitase para que se le viese delgado. Además, casi peor que sus palabras fue su tono al decirlas, y peor todavía la tranquilidad del resto al escucharla, actuando igual que el que oye llover.

Yo estaba loca, pero había muchos locos por el mundo jugando a estar cuerdos, y todavía más testigos mudos de esa locura, a la que sonreían amablemente siempre que les conviniese.

Creo que cuando salí del metro ya estaba oscureciendo, pero a lo mejor no. Ese día el mundo era todavía más negro de lo habitual.

Llamé al telefonillo de casa de mi madre como cada tarde, pero ese día me contestó mi marido desde el otro lado. Ya ni siquiera me sorprendí; hasta ese día solo lo había visto, ahora también lo escuchaba. Casi me tranquilizó la idea; en los trastornos esquizofrénicos es más común oír voces que tener visiones; esto último parece que es más grave aún. A lo mejor oír a mi marido desde el telefonillo de casa de mi madre era un síntoma de mejoría, quise pensar, porque la verdad es que ya hacía un tiempo que no lo veía.

De todas formas, llamé a mamá por teléfono antes de subir.

–Mami, ¿hay alguien contigo?

–No, estoy sola, ¿por qué?

–He llamado al telefonillo y me ha contestado un hombre. No sé, su voz...

–Te habrás equivocado. Anda, sube y coge la copia de las llaves que te hice de una vez; un día te vas a quedar en la calle.

Me fui directa a la cama, tomé un somnífero con un vaso de leche y lloré hasta quedarme dormida. Desde que las lágrimas habían vuelto a mis ojos, tras el episodio de Luis el ladrón, volvía a llorar con facilidad, y eso hizo que también a mí me pusiesen un apodo en la empresa: María Magdalena.

* * *

Berta Hernández se quedó desconcertada cuando Henar se marchó a su casa sin asistir a la reunión.

Era una desconsiderada absoluta, pensó. Ella iba en su avanzado estado de gestación con un embarazo de riesgo para reunirse con Francisco y con ella, y va y dice que está mareada y se va a su casa tan campante. Y encima el imbécil de él la disculpa y dice que es la primera vez que falta desde su incorporación y que trabaja doce horas diarias. ¡Se lo habrá camelado también con ese aire de mosquita muerta que tiene! Todo lo que había planeado decirle se había quedado en una serie de preguntas al tesorero, que no hizo más que defenderla y alabarla. ¡El colmo!

Cada vez tenía más claro que no le gustaba esa mujer. La pena es que en su ausencia parecía haberse granjeado amistades, sobre todo la de los tres ases, y de continuar así iba a ser muy difícil despedirla. Pensaba apuntarse unos cuantos tantos en su contra con el asunto de la nómina cobrada por un empleado ficticio; no cabía duda de que podía achacarle una absoluta falta de control, porque endosarle el muerto de que era ella la que había hecho las transferencias, como había dicho Luis, parecía no habérselo creído nadie. ¡Una pena, la verdad!

En los últimos tiempos se le estaba acumulando el trabajo: tenía que deshacerse de Fedra, de Francisco y ahora de Henar. Y ciertamente no era el mejor momento para ello. Ahora no podía; tenía que seguir engordando y parir el tercer hijo, para ver si venía una niña y su marido se ponía contento. Estaba a punto de heredar una fortuna considerable y no quería contrariarlo en ese momento. No le estaba manteniendo desde que se casó con él para nada. Habían decidido no saber el sexo del bebé hasta su nacimiento, aunque una enfermera estúpida, como la mayoría, dijo algo en femenino y ella estaba casi segura de que iba a ser una niña. Fuese lo que fuese, ahora debía centrarse en esa tarea y más tarde ya vería cómo deshacerse de esos tres idiotas.

Sinceramente no sabía qué veían los demás en esa chica; por lo visto hasta alguno decía que estaba buena, lo que era totalmente inexplicable con el culazo que tenía. Aunque la verdad era que en la empresa, salvo ella y un poco Cecilia, las demás estaban todas como focas: las doctoras, las enfermeras, las auxiliares, las viejas y las jóvenes, todas gordas.

Eso no le importaba demasiado, ya que así ella podía brillar entre las demás. Lo que sí le preocupaba era perder el quinto kilo que había engordado con el tercer embarazo.

En los otros dos solamente había engordado cuatro y los había perdido todos en el parto, y ahora tenía que conseguirlo también. Era el momento de centrarse en esos objetivos: parir una niña y recuperar su peso previo al embarazo; ya pensaría en otro momento qué hacer con Henar Márquez. Lo que tenía claro es que no le iba a perdonar el desplante que le había hecho. Cuando se incorporase, ella sería su primer objetivo.

XII. LA DESCENDENCIA

Cuando volví al trabajo el lunes siguiente a mi plantón a Berta no tuve casi tiempo de hablar con Francisco para que me contara su reunión con ella; solamente me dijo que la directora financiera le había hecho un interrogatorio sobre mí y que creía que había respondido muy bien. ¡Amaba a ese hombre!

No pude profundizar más en el tema porque había recibido un correo de una auxiliar de la clínica de Barcelona denunciando un nuevo caso de acoso. Esta vez la denuncia estaba dirigida a mí como responsable de Recursos Humanos (lo que sinceramente me halagó), y también se diferenciaba del caso de Marbella en que estaba mucho mejor formulada, los hechos se describían con todo tipo de detalles, y además parecían muy graves.

Fui a hablar con «El águila», al que le había reenviado el correo, y de paso para saber de su hijo. No tenía buen aspecto:

–Doctor, ¿no se encuentra bien? –le pregunté.

–Estoy algo revuelto, pero imagino que se me pasará pronto. Ya he visto el nuevo lío que tenemos en Barcelona. Todo está cambiando mucho y muy rápido, Henar: una empleada tocando a otras compañeras, intimidándolas, acosándolas... No sé, creo que me estoy haciendo muy mayor.

»¿Tú cómo estás? Una vez resuelto todo el problema de Luis, imagino que mejor. Nadie se lo esperaba de ese chico, la verdad. Era raro, pero ladrón no parecía. Ahora algunos andan diciendo que les faltó dinero de las carteras; vete tú a saber si venía robando desde hacía tiempo.

–Eso ya no lo podremos saber, pero tampoco es tan raro que si necesitaba dinero emplease todo tipo de métodos para obtenerlo.

»Ya he oído a varias personas decir que nadie se esperaba eso de Luis, que no parecía un ladrón, pero ¿quién lo parece? Nadie tiene cara de ladrón. Se tiene cara de tonto, de chulo, de perro, de ángel... pero de ladrón no. Eso solamente se puede ver por los hechos.

»La verdad es que me ha afectado mucho todo este asunto, y también la actitud de algunos compañeros que parecen haber creído su absurda versión del hurto. Es muy triste, pero esta es la verdadera vida laboral, no la que certifica la Seguridad Social; eso es solamente un papel.

–Por la gente no debes preocuparte ni un poquito; cuando se difama siempre hay quien cree las mentiras, pero el problema lo tienen ellos, no tú. Eso lo debes tener claro.

Yo le estaba escuchando y sus palabras me reconfortaban. Además, lo que realmente quería era sacar el tema de su hijo, y como no sabía cómo hacerlo, al final le pregunté de sopetón:

–Y su hijo, ¿ya se fue?

–Sí, ayer lo llevé al aeropuerto. Volvimos a discutir, así que imagino que tardará en volver.

–¿Y eso? ¿Problemas de financiación de su clínica otra vez?

–No, esta vez no. Más bien problemas con su descendencia.

–¿Descendencia? ¿Qué descendencia? –le pregunté, mientras el corazón se me aceleraba con la idea de que «mi príncipe azul» pudiera ser padre.

–Ninguna, ese es el problema, Henar. ¿Crees que me he pasado la vida trabajando en esta clínica para que las hijas de Aznar se queden con ella? Ellas tendrán su parte, por supuesto, pero mi descendencia debe tener la mía. Pero ¿cómo? Si mi hijo solamente piensa en darles todo lo que tiene a esos salvajes con los que vive. Yo no digo que no ayude a los demás; al principio hasta me pareció bien, pero ya tiene edad para madurar. No lo puedo entender. ¿Qué opinas tú? De verdad que me gustaría comprenderlo, pero no puedo.

–Tu hijo es una buena persona, doctor, de eso no me cabe ninguna duda, pero también entiendo tu postura.

»Según yo lo veo, en mi generación la falta de compromiso es algo muy común, aunque realmente no es falta de compromiso; es que muchos están comprometidos con otras cosas: con el cambio climático, con el maltrato animal, con la comida sana, con el deporte... Lo que ha cambiado es su compromiso con las parejas y con el trabajo.

»Pero piénsalo bien, la mayoría de las parejas que hay a nuestro alrededor han fracasado, y muchas de las que siguen juntas lo hacen por intereses que poco tienen que ver con el amor. Y, con respecto al trabajo, lo mismo. La mayor parte de mis amigos trabajan en cosas totalmente diferentes a lo que estudiaron, y eso los que tienen trabajo, que todavía tengo compañeros penando por ahí que nunca han conseguido entrar en la rueda laboral. Hasta los sanitarios, que no tienen problemas para encontrar empleo, están peor pagados en España que en cualquier otro país. Muchos de ellos trabajan treinta años sin tener una plaza fija en la Seguridad Social y tienen que ir al sector privado para complementar su salario, como algunos de los que trabajan para nosotros.

»Si lo piensas fríamente, no es fácil comprometerte con algo que consideras fracasado.

–Pero eso no tiene nada que ver con Carlos. Él tenía garantizado un buen trabajo con un buen salario y su madre y yo nos adorábamos; de hecho, yo no he vuelto a casarme, pero no por principios o por convicción: no he vuelto a casarme porque no he vuelto a enamorarme jamás. Los modelos de mi hijo fueron sólidos; no entiendo cómo ha podido desviarse tanto de aquello para lo que estaba destinado.

–Era muy pequeño cuando murieron su madre y su hermana, y tú mismo me has reconocido que no le hiciste demasiado caso después del accidente. Debió elegir otros referentes.

»Y en cuanto al amor, a lo mejor no se ha enamorado nunca. O, si se enamoró de Cecilia, no le salió bien, ya que ella se casó con otro.

–Eso son tonterías infantiles que tiene que superar. Si estuvo enamorado de Cecilia perdió su oportunidad yéndose al Congo. Además, yo con Cecilia ya no cuento; si no tiene hijos con su marido, no veo cómo los va a tener con mi hijo. A mí me da igual quién sea la madre; solamente quiero tener nietos para morirme tranquilo.

»Hubo un tiempo en el que Carlos salió con una cooperante, una de esas muchachas espantosas con rastas en el pelo, un horror de mujer, la verdad. La cosa duró poco, afortunadamente, pero ahora mismo me hubiese dado igual. Hasta he pensado que podría casarse con una congoleña; me da lo mismo tener nietos negros. Pero no hay manera, no quiere escucharme, y sinceramente no sé qué voy a hacer. Además, es que ya no me queda mucho tiempo. Debe tener hijos antes de heredar de su abuela, si no ya no los tendrá jamás.

–¿Su abuela también es rica?

–¿Rica? No, riquísima, mucho más que yo. Mi esposa era una millonaria heredera proveniente de familia de industriales alemanes, de esos que no sabes bien de dónde vino su dinero y que sospechas que fue del nazismo pero no te atreves a indagar, no vaya a ser verdad.

»Por supuesto que yo no sabía que era rica cuando la conocí; lo supe después. Pero el caso es que su familia tenía una inmensa fortuna, mi esposa era hija única y mi hijo heredará todo ese dinero cuando su abuela muera, que será pronto. El día que lo reciba no volveré a verlo. Siempre pienso eso.

El doctor se me quedó mirando fijamente. Yo lo miraba también. Tenía muy mal aspecto. Se veía que la discusión con su hijo le había afectado profundamente. En el fondo me daba pena. Había sido un niño rico, un empresario de éxito, un marido y un padre feliz, pero la muerte de su esposa y de su hija habían truncado su vida. Tampoco había nada malo en la idea de querer tener nietos a los que dejar el fruto de su trabajo, ya que su hijo parecía despreciarlo.

«A lo mejor Charlie puede tener los hijos conmigo» pensé. Quizás otro hijo podría reconciliarme con la vida... Como si me estuviese leyendo el pensamiento, de repente Aguilar me preguntó:

–¿A ti te gustaría volver a casarte y tener hijos, Henar?

Tardé un poco en responder.

–Siempre habla de casamientos, doctor, pero se pueden tener hijos sin casarse. Y con respecto a su pregunta: sí que me gustaría tener más hijos, y no me gustaría volver a casarme. Así que he elegido el trabajo perfecto; con los descuentos que hay en los tratamientos de fertilidad para los trabajadores seguro que algún día me animo.

Me levanté pensando si realmente habría leído mi mente y por eso me había hecho esa pregunta tan extraña. Desde luego me miraba fijamente, de una manera muy rara.

–Doctor, tienes que cuidarte; no tienes buen aspecto. Estoy segura de que todo se solucionará. Ahora me voy a Barcelona; ya hablaremos a mi vuelta.

* * *

Cuando Henar se marchó, el doctor Aguilar se quedó pensando...

Si su hijo se casase con ella (por supuesto no le parecían bien las nuevas formas de emparejarse sin matrimonio de por medio) y tuviesen hijos, ella podría velar por los intereses de sus futuros nietos si él faltaba. Era una chica lista. Estaba haciéndose con el puesto muy bien a pesar de las zancadillas de algunas brujas como Berta y Regina, y de la profunda depresión que había tenido.

También era una mujer muy atractiva. No era el tipo de su hijo, que siempre había estado con huesudas como Cecilia, pero eso no era importante. Era inteligente y dulce, y esas mujeres podían enamorar a cualquier hombre; solo tenían que proponérselo.

Al final todavía no había sabido si se conocieron alguna vez o no; su hijo no le había mencionado nada, pero a lo mejor no se acordaba de ella. Era despistado, como él. Ella, sin embargo, sí pareció reconocerlo cuando vio su foto el día de su entrevista. De lo que estaba seguro era de que podrían encajar. Al fin y al cabo eran parecidos. Ella también pensaba que todos éramos iguales (menuda estupidez) y se empeñaba en tratar a todo el mundo como si fuese su amigo, con las consecuencias nefastas que esto suponía. Pero no le iba mal; se había ganado el aprecio de la mayoría de los empleados de la clínica, y los que no la apreciaban por lo menos la respetaban. Tenía que reconocer que había acertado contratándola.

Ahora solamente tenía que convencerla, y sinceramente pensó que no le iba a ser difícil. Desde el principio había mostrado un interés extraño por su hijo; seguro que le gustaba. Y es que no se podía negar que era un hombre muy guapo, y su vida podía resultar muy interesante para una «progre» como Henar, interesada en ayudar al prójimo y hacer el bien. Luego estaba el tema económico; ella misma le había contado que la muerte temprana de su marido la había dejado con un montón de deudas que no podía asumir y que su familia había tratado de ayudarla, por lo que ahora estaban todos en una situación económica bastante precaria.

De repente empezó a sentirse mucho mejor; no sabía cómo no lo había visto antes. Comenzaría a planear su estrategia. Una vez que tuviese el beneplácito de Henar, solo tendría que cortarle el grifo a su hijo, ni un euro más para su clínica hasta que no le diera un nieto. Después podía hacer lo que le viniera en gana. Estaba seguro de que también aceptaría.

No se sentía mal por tener esos pensamientos. De una manera u otra toda la gente con la que se relacionaba se terminaba casando por conveniencia, solo que estas conveniencias podían ser muy diferentes: no solo se buscaba el dinero; también miraban las tierras, los títulos nobiliarios, las influencias políticas, pero seguía habiendo muchos matrimonios con poco amor y muchos intereses, y paradójicamente eran los que más duraban.

Él mismo se había casado por amor, pero tenía que reconocer que el dinero de su esposa les había venido muy bien. Y si detrás de la estudiante bohemia de Bellas Artes que les presentó a sus padres no hubiera habido una inmensa fortuna alemana, no la habrían aceptado tan rápidamente, con sus manos manchadas de pintura y su aire ausente. Cuando les habló de la fortuna familiar que iba a heredar, a sus padres les pareció fenomenal la excentricidad de su nuera extranjera.

Definitivamente su idea era estupenda. A Henar le gustaba su hijo, y a su hijo le terminaría gustando Henar. Ella podría dirigir la empresa si a él le pasaba algo malo antes de que sus nietos fueran mayores, y Carlos podría mantener su maldito hospital en el Congo. Si todo salía bien todo su esfuerzo y parte de su dinero no terminaría en manos de las hijas de su socio.

Sencillamente era un plan perfecto.

XIII. SANTA CLAUS VIVE EN BARCELONA

Había cogido el primer AVE a Barcelona a las seis de la mañana. Normalmente solía dormir algo en los trenes, pero ese día no pude. La extraña conversación con Carlos Aguilar volvía una y otra vez a mi cabeza. Pensaba de nuevo en las diferentes dimensiones del universo, en si todo estaba ya escrito, en si todos nos reencontramos una y otra vez con nuestros seres queridos, aunque tengamos diferentes papeles atribuidos en la sesión teatral que estemos interpretando en cada momento, y que en el teatro de la Tierra se llama «vida». ¡Qué extraño era todo!

Si viviera mi marido y le hubiese hablado de alguno de estos pensamientos enseguida me los habría quitado de la cabeza, cambiando de tema y devolviéndome a la realidad, a lo tangible, a lo material... Pero como no vivía, pues seguía enganchada en la misma rueda de pensamientos, y como sabía que le daba rabia, seguía con lo mismo y pensaba que así lo castigaba por haberse llevado con él a lo que más quería en el mundo, además de dejarme sola y abandonada a mi suerte de divagaciones raras. ¡Cada día lo odiaba más!

Como me estaba angustiando mucho, bebí un vaso de agua, tomé una de las pastillas mágicas contra la angustia, que tenía reservada para los malos momentos como ese, y decidí trabajar en el caso de acoso que tenía por delante.

La denuncia era otra vez de una auxiliar de clínica, pero en esta ocasión contra una doctora, que era una conocida dirigente del colectivo LGTBI de Barcelona y además pertenecía al comité de empresa. La verdad es que no sabía qué más me podía pasar. Cada día tenía más claro que si pudiese cambiar de dimensión trabajaría con plantas, que no hablaban, no protestaban y hasta morían en silencio. Como de momento no había averiguado la forma de hacerlo, y solamente sabía que las dimensiones paralelas te abordan de repente cuando menos te lo esperas pero no te dicen cómo entrar o salir de ellas, pues me resigné a investigar el caso, sabiendo además que, fuese cual fuese el resultado, las consecuencias serían sanciones, despidos, juicios y muchísimos problemas.

Jordi Salisachs mandó un coche para recogerme. Tenía problemas de vista y había renunciado al vehículo de empresa que le correspondía por categoría. Ni siquiera había pedido una compensación económica por ello. ¡Era un buen tipo! Posiblemente nunca nadie se lo agradecería; ni siquiera se habrían dado cuenta, y de haberlo hecho lo habrían visto mal, ya que pensarían que esos gestos dejaban al resto en un mal lugar.

Cuando nos encontramos, lo primero que hice fue preguntarle por algo que me rondaba la cabeza desde hacía mucho tiempo:

–Jordi, ¿me puedes explicar la historia del loro?

El hombre sonrió antes de contestarme.

–¡Dichoso loro, Henar! Puedo contarte la parte del principio; el final lo tendrás que averiguar tú, pero seguro que Francisco te puede ayudar.

»El pájaro fue un caprichito de Aznar, que a veces es un poco excéntrico. Pocos días antes de tu entrevista, Ángel y yo paseábamos con unos visitadores médicos por La Rambla cuando vimos unos loros gigantes. Nos acercamos y pudimos comprobar que hablaban. Nos decían cosas como guapo, feo, gordo, tonto, bobadas de ese tipo. A Aznar se le antojó un loro desde que los vio y preguntó el precio, que era absolutamente desorbitado, pero delante de los visitadores no dijo ni hizo nada más.

Al día siguiente me llamó desde Madrid y me mandó ir a comprar uno de esos bichos «de los que hablase» y llevárselo a la oficina. No sabes la que tuvo que liar Francisco para que yo pudiera tener el dinero, porque con la tarjeta de la empresa no daba ni para unas pocas plumas.

Después, como sabes que ya no quiero conducir por la vista, tuve que ir en avión, y no te imaginas el espectáculo que montó el pájaro. Antes tuve que comprar su billete, y doscientas puñetas más, todo de mi bolsillo, claro, y además no me quedó más remedio que adelantar el dinero (y no sabes lo que me costó que «El demonio» me lo devolviese).

El animal estaba asustado y no paraba de gritar; daba auténtico miedo. Era un espectáculo bochornoso verme a mí con ese loro por los dos aeropuertos. Estaba realmente avergonzado, pero ¿qué podía hacer?

Cuando después de muchas peripecias llegué a Madrid, ningún taxista quería cogerme cuando veían la jaula con el pájaro enloquecido. Al final tuve que llamar a Francisco para que fuese a Barajas a buscarme. Cuando pasamos por los túneles que hay antes de llegar a la oficina, el bicho casi se vuelve loco del todo; yo, que me había montado detrás con él, apenas podía sujetarlo. La verdad es que no me quiero acordar de aquellos momentos.

»Cuando llegué por fin es cuando te conocí. Por lo menos el día se arregló. Yo, afortunadamente, no he tenido nada más que ver con el loro, pero pregúntale a Francisco. Un día empezó a contarme algo, aunque no quise ni oírle; solo escuchar hablar de ese pájaro ya me desquiciaba. Y eso es todo lo que te puedo contar. El resto lo tendrás que averiguar tú.

»Y ahora, querida, vamos, que hemos quedado con Inés, la presidenta del comité de empresa, que estará con nosotros en la investigación.

Jordi me cogió por el hombro. Me sacaba dos cabezas y tres cuerpos, y era realmente achuchable. Me dieron ganas de abrazarlo, pero no lo hice. Hacía muchos años que no abrazaba a ningún hombre; aprendí de muy jovencita que eso siempre daba lugar a malentendidos.

Mientras nos dirigíamos a buscar a la representante de los trabajadores llamaron a Salisachs por teléfono. Contestó en catalán y se dispuso a mantener lo que parecía una larga conversación. Yo le miraba y me preguntaba cómo una persona tan buena como él podía haber llegado a ser uno de los acólitos del «demonio». Y para colmo se decía que también era íntimo de Gonzalo Osborne, algo también incomprensible para mí. No sé si era posible encontrar a dos personas tan distintas en el mundo.

Francisco me había contado su historia, pero según mi modo de entender la vida, tampoco lo justificaba: Jordi había llegado a cantar misa, pero conoció a su mujer; se enamoró locamente de ella y abandonó los hábitos. Como muchos otros hombres que dejan el sacerdocio comenzó a dar clases en un colegio católico, pero no de latín o griego, que era lo más normal, sino de matemáticas. Parece ser que era un genio con los números. También empezó a ocuparse de la informática del colegio cuando los ordenadores iban convirtiéndose poco a poco en un instrumento esencial de trabajo. Con el paso del tiempo fue dejando la docencia para dedicarse cada vez más a la tecnología de varios colegios del grupo. De esa primera empresa pasó a otra de servicios informáticos para hospitales, y fue en esa compañía donde comenzó a trabajar para la clínica Los Tres Ases como consultor externo.

En esa época había una auténtica guerra por el talento tecnológico. Las empresas pagaban más y más para atraer esos perfiles. Jordi y su mujer, que también trabajaba en el mismo sector, se compraron una casa nueva en pleno centro de Barcelona que podrían pagar cómodamente con sus altos sueldos y gracias a los créditos que entonces prácticamente «regalaban» los bancos. Pero poco después de la compra de la vivienda estalló, primero la burbuja tecnológica, y después la burbuja inmobiliaria. Jordi y su esposa se quedaron sin trabajo y su flamante casa perdió la mitad de su valor en muy poco tiempo.

Jordi pidió ayuda a Aznar, que entonces era uno de sus clientes principales, y este lo contrató como responsable de informática de la empresa y le anticipó el sueldo de un año para hacer frente a los pagos de la hipoteca que Salisachs y su esposa debían. Desde entonces el catalán le estuvo eternamente agradecido; no importaba todo lo que hubiera hecho después; a él lo había ayudado cuando más lo necesitaba y para Jordi esas cosas eran importantes.

Con la digitalización de la mayoría de los procesos, su departamento fue adquiriendo poco a poco mayor relevancia, y también su figura, ya que además de una gran persona era un gran profesional. Cuando se abrió el hospital de Barcelona Ángel Aznar lo propuso para dirigir la clínica. No era médico ni tenía experiencia en gestión, pero «El demonio» confiaba plenamente en él. Sabía que nunca lo engañaría. Sus socios lo apoyaron. Jordi se llevaba bien con casi todo el mundo.

Después abrió la clínica de Navarra, mucho más pequeña que las otras tres, y también le encomendó su dirección a él, aunque últimamente se rumoreaba que pronto nombrarían a otro director para tratar de mejorar los resultados del Hospital del Norte, que no estaba alcanzando los objetivos esperados.

En todo caso, y a pesar de reconocer la importancia de la ayuda que le había prestado cuando lo necesitaba, yo no entendía la fidelidad ciega de Jordi por Aznar. Hubo un tiempo en el que casi lo había categorizado como un «bueno buenísimo», pero al final decidí que no lo era. Le faltaba imparcialidad, valentía, coraje para hacer frente al «demonio» y pararle los pies ante todas las barbaridades que cometía.

La primera vez que calculamos la paga extra de Navidad después de mi incorporación hubo un problema informático grave. La costumbre era hacer el ingreso el día veinticuatro por la mañana como regalo de Papá Noel, pero fue imposible. Ese día, mientras todos se fueron a casa a mediodía, yo me quedé llorando sola en el departamento. Estaba desesperada y pensé que la única persona que podría ayudarme era Jordi. Lo llamé y se conectó de inmediato. Salisachs, con su aspecto de Santa Claus, ese día me hizo el mejor de los regalos: estuvo trabajando hasta las ocho de la tarde y consiguió resolver el problema, y sobre todo me demostró que todavía podía tener confianza en el ser humano, lo que sin duda era mucho más importante.

Francisco, que se había marchado a mediodía pero había vuelto por la tarde preocupado por la situación de la paga extraordinaria (iba a cenar en casa de su hijo, que vivía cerca de la oficina), hizo una transferencia vía Banco de España (que se recibe en el momento) y finalmente todos los empleados tuvieron su dinero incluso antes que otras veces.

Los tres llegamos de milagro a la cena de Nochebuena. Había sido un día muy largo, pero al final del mismo yo me sentí muy bien. Fui consciente de que dos personas que conocía desde hacía menos de un año habían estado a mi lado cuando los había necesitado. Supe que jamás les fallaría a esos dos hombres. Tenía muchos defectos, pero también algunas virtudes, entre ellas el ser agradecida, y nunca olvidaba a quien se había portado bien conmigo.

En la Nochebuena de mi incorporación incluí a Jordi en la categoría de «bueno, buenísimo», pero con el paso del tiempo, cuando veía que era pusilánime con Aznar, que lo manejaba a su antojo, iba saliendo a mis ojos de ese grupo, y se quedó en «ni bueno, ni malo»; eso sí, escorado hacia el bien.

Ese día en Barcelona, mientras miraba a mi amigo hablar por teléfono en catalán, creé una nueva categoría en la teoría de los buenos y malos: «los buenos, pero no buenísimos»; eso era Jordi. Cuando creé esta nueva agrupación me sentí mucho mejor. Hasta ese momento siempre tenía dudas con algunas personas, pero a partir de ahí las podría categorizar debidamente.

–Perdóname, Henar –dijo Jordi, sacándome de mis pensamientos.

»Vamos, que Inés nos espera y ya llegamos tarde. ¿La conoces, verdad?

–No personalmente; solo hemos hablado por teléfono, pero me parece encantadora.

–Lo es. Sin duda es una gran mujer. Si no estuviese «infelizmente casado» le pediría matrimonio.

–¿Por qué dices eso? ¿No te llevas bien con tu mujer?

–Sí que me llevo bien, porque hago todo lo que dice, pero ni aun así está contenta.

–¿Y por qué seguís juntos, entonces? –le pregunté un poco extrañada.

–Pues porque amenaza con quitármelo todo y dejarme las deudas y al chico.

–Bueno, por lo menos te deja a tu hijo.

–Sí, ¡menudo regalo! Tiene treinta años, ha empezado cinco carreras distintas y ha aprobado tres asignaturas en total. Querida Henar, la verdad es que prefiero seguir como estoy...

Mientras nos dirigíamos a ver a Inés, me preguntaba por qué a personas como Jordi les salen hijos «tan ninis», cuando seguro que les han dado cariño y se han desvivido por ellos, y luego a otros como «El demonio» les salen las hijas más o menos bien, cuando ni se han ocupado de ellas, ni les importan demasiado. Es un fenómeno curioso y sin embargo frecuente; seguro que sociológicamente tiene alguna explicación. Antes de entrar a la reunión me apunté en mi agenda mental (nunca he usado agenda, salvo la de mi cabeza) investigar sobre ello.

XIV. Doña Inés (la novia de don Juan)

Inés era pelirroja, tenía pecas y una preciosa sonrisa. Cuando llegué a su sitio miré por la ventana y vi el sol luchando contra las nubes que lo escondían, tratando de hacerse un hueco. Mi mirada pasó de Inés al sol y del sol a Inés, y entonces lo comprendí: ella era un ser de luz, difíciles de encontrar por lo raros, como los tréboles de cuatro hojas. Lo comprendí y la abracé como si fuese una vieja amiga a la que hacía mucho tiempo que no veía. Ella me devolvió el abrazo, aunque imagino que pensaría que tenía un tornillo suelto. Claro que, si pensó eso, no iba mal encaminada la mujer.

Aunque nunca nos habíamos visto, habíamos hablado muchas veces por teléfono y nos caíamos bien. Es curioso cómo existe la afinidad entre las personas, aunque no haya ningún contacto personal; simplemente el tono de voz, la forma de hablar, el tipo de conversación o la energía que se transmite hacen que unas personas conecten con otras sin conocerse. Sin duda eso era lo que nos había pasado a Inés y a mí.

Yo no sé lo que ella sabía de mí, pero yo sabía mucho de ella. Me lo había contado Francisco: fue una de las primeras enfermeras que se contrataron para la clínica Los Tres Ases en Madrid. Entonces acababa de terminar la carrera de enfermería. Tenía veintiún años, al igual que las otras dos compañeras que empezaron con ella: Julia, la jefa de enfermeras en funciones a la que Aznar humilló por su sobrepeso hasta forzar su salida, y Loreto, la siguiente jefa de enfermeras en funciones que la sustituyó.

Julia siempre estuvo más próxima a Cecilia y las otras dos chicas estaban más unidas entre sí; de hecho, todos en el hospital las consideraban amigas íntimas.

Parece que Loreto fue la primera amante conocida de Ángel Aznar, e Inés por su parte se enamoró locamente del primer cirujano plástico de la clínica, un argentino de nombre Ernesto y apellido Juan, más conocido como don Juan, no por su apellido, sino por su tendencia a la conquista de cualquier mujer conocida, soltera, viuda, casada, joven o madura.

La inocente Inés, al igual que el personaje de Tirso de Molina, creyó poder redimir a su enamorado e inició una relación formal con él. Meses más tarde quedaba embarazada, y, contra todo pronóstico, el cirujano se casó con ella.

Todos en Los Tres Ases fueron a la boda y celebraron también el nacimiento de su hija Inesita.

Don Juan sin embargo no abandonó sus aventuras amorosas ni un solo día. En la clínica incluso se comentaba que el día de la boda se le vio en el cuarto de baño de mujeres con Loreto, la mejor amiga de su mujer, que ya no estaba con «El demonio», que la había sustituido por una paciente británica, esposa de un diplomático destinado a Madrid.

La pobre Inés parece que estuvo algún tiempo engañada y Loreto seguía siendo íntima suya (ahora del matrimonio), pero cuando la niña todavía no había cumplido un año, su marido la abandonó para irse con su mejor amiga. La enfermera cogió una depresión profunda que la mantuvo fuera del hospital casi un año.

Cuando se incorporó no le quedó más remedio que trabajar con su ex marido y con la que había sido su mejor amiga, ya que el que había sido su esposo tenía otros dos hijos en Argentina y a ella le pasaba la pensión alimenticia para su hija un mes sí y dos meses no, y si Inés cambiaba de trabajo para tratar de huir de la situación seguro que tendría que hacer horarios mucho más exigentes que los que Cecilia (compadecida por la situación) le ponía para que pudiese atender a su niña lo mejor posible.

La enfermera acudió a la justicia para garantizar unos ingresos para su pequeña y entonces el cirujano abandonó la clínica Los Tres Ases, y parece que se dedicó a seguir realizando su trabajo en otras clínicas, cobrando en efectivo, sin facturas y de una forma totalmente opaca para Hacienda, la Seguridad Social, su ex-mujer y su hija Inés.

En el juzgado, a la mujer no se le reconoció ningún incremento en la pensión para la niña; incluso el juez le afeó la conducta por interponer una demanda contra un hombre sin empleo. La pobre Inés, sin dinero para recurrir, tuvo que acatar la sentencia, y si antes del juicio don Juan alguna vez abonaba la pensión de alimentos, a partir de ese momento dejó de pasarle absolutamente nada a su hija en concepto de manutención.

Cecilia primero y Julia después se encargaban de que las antiguas amigas no coincidieran en los turnos, pero algunas veces era inevitable. Además, la relación del argentino con Loreto, que al principio parecía que no iba a durar, se fue prolongando en el tiempo, sobre todo porque él se volvió más y más perezoso, y no se molestaba en buscar trabajo, por lo que cada vez dependía más de su última pareja, que hacía guardias, trabajaba noches y se ofrecía para todo tipo de operaciones fuera de su jornada para ganar un salario más alto y mantener al cirujano.

Las cosas se complicaron todavía más para Inés cuando su hija, a la edad de ocho años, le pidió irse a vivir con su padre. A pesar de que no le pasaba ninguna pensión, la enfermera nunca quiso que la niña creciese sin la figura paterna y algunos fines de semana los pasaba con él. Parece ser que ahí no la obligaban a hacer deberes, no tenía hora de irse a la cama, comía a capricho y Loreto le hacía peinados e incluso la maquillaba.

La ex-pareja volvió a los tribunales y la niña declaró que quería vivir con su papá. El juez cambió el régimen de custodia e Inés pasó a ver a su niña los jueves y los fines de semanas alternos. Por segunda vez cayó en depresión. Fue en ese momento cuando se abrió la clínica de Barcelona. Aguilar y Cecilia, compadecidos por su situación, le ofrecieron irse allí como responsable de la enfermería e Inés aceptó. Cambió las visitas de los jueves a su hija por los viernes por la tarde y se acostumbró al puente aéreo. La veía todos los viernes y un fin de semana de cada dos lo pasaban juntas en casa de los abuelos maternos de la niña.

Pero seis meses después de su traslado, su ex-marido le pidió que volviesen al régimen de custodia anterior sin darle ninguna explicación. La menor se trasladó con ella a Barcelona. Don Juan nunca fue a visitarlas y nunca reclamó sus fines de semana alternos. Padre e hija jamás volvieron a verse. Inesita nunca le contó a su madre qué había pasado.

Cuando Ángel Aznar se divorció y despidió a su segunda mujer, la genetista, contrató a una eminencia en la materia, un inglés llamado Henry Hamilton y apodado HH. Loreto tuvo una aventura con él y abandonó a su don Juan. Parece que para librarse de él le pagó un viaje a Argentina solo de ida. Nadie supo nunca nada más del cirujano.

HH sin embargo no se divorció de su esposa y cuando yo entré en la clínica andaba en amoríos con más de una compañera, no solo con Loreto. Ella, que ya no era ninguna jovencita, parecía conformarse con esa relación. Cuando Julia salió de la organización acosada por «El demonio» por su gordura, la sustituyó como jefa de enfermeras en funciones. La chica tendría otros defectos, pero era una profesional excelente.

Inés, por su parte, rehízo su vida en Barcelona. Recién llegada allí, uno de los sindicatos mayoritarios promovió elecciones. Los Tres Ases le pidieron a la enfermera que se presentase por un sindicato independiente para tratar de controlar la situación. La candidatura promovida por ella arrasó en las votaciones y desde entonces siempre fue la presidenta del comité de empresa, ejerciendo de enlace entre sus compañeros y los dueños de la clínica. Este trabajo lo hacía de forma excepcional.

A Inés la quería todo el mundo, salvo su ex-marido, su ex-amiga Loreto y Regina Calvo, que la despreciaba por su edad sin darse cuenta de que era un ser de luz y que estos seres son muy escasos, y por ello, cuando te encuentras con uno, tienes que considerarte afortunado. En el fondo, «La calvo» era digna de lástima; tan solo era una vampira, a la que las personas que proyectaban luz le producían un rechazo casi mortal.

Lo primero que hizo Inés nada más conocerme fue enseñarme una foto de su nieto. Era un niño pelirrojo y sonriente como ella.

–Estoy loquita con él, Henar; es la alegría de mi vida.

–¿Y qué sentiste al convertirte en abuela? Hay muchas personas que no quieren ni siquiera pensar en ello, y otras que están obsesionadas con serlo como Carlos Aguilar.

–Pues yo antes no me lo planteaba, la verdad, pero ahora me siento plena, es algo difícil de explicar, y entiendo perfectamente a Carlos. Creo que sería un abuelo excelente, lo que pasa es que lo tiene muy difícil con su hijo...

–¿Por qué dices eso? ¿Conoces bien a Charlie?

–Mujer, no sé si bien, pero desde luego le conozco desde que nació. Cecilia niña, mi hija y él eran los tres únicos niños en la clínica Los Tres Ases. Se invitaban a los cumpleaños, se veían en alguna fiesta. Al principio Inés y él estaban más unidos y a Cecilia la dejaban de lado; era muy ñoña de pequeña y los otros dos no le hacían demasiado caso, pero luego pasaron muchas cosas, Inés dejo de verlos y ellos dos se fueron haciendo más cómplices.

–¿Entonces no estaban enamorados desde que nacieron?

–¡Anda ya! ¡No han estado enamorados nunca! Si lo hubieran estado estarían juntos ¿no? Eso es solo un invento de la gente, a la que les encantan las historias de amor con final infeliz; eso les hace sentir que sus propias historias no son tan desgraciadas.

»No te digo que no hayan tenido alguna aventura, o que, como dicen por ahí, se sigan acostando, pero no creo que su historia tenga nada que ver con el amor.

»Además, Carlos es demasiado majo para la insulsa de Cecilia. La verdad es que no pegan nada.

Inés me miró entonces y algo debió ver en mis ojos porque dijo:

–En realidad pega mucho más contigo. Eso sí, te tendrías que comprar unos tacones muchísimo más altos –me dijo, riéndose a carcajadas.

Si Inés me había iluminado un poco el día solo con verla, con sus confidencias sobre Carlos y Cecilia, y su último comentario, consiguió que viese el cielo un poquito más azul a través de la ventana. O a lo mejor simplemente el sol había ganado la batalla a las nubes. También podría ser.

–Y ahora vamos, que tenemos un problema gordo que resolver. ¡Qué pesadilla de historia! Creo que me estoy haciendo mayor.

–Las mismas palabras pronunció Carlos Aguilar. Yo creo que tenéis muchas cosas en común –le dije yo guiñándole el ojo.

–De eso nada. No podemos negar que es atractivo; de joven estaba para comérselo, y todavía está bien, pero vamos, que no aguanto yo a más hombres por nada del mundo. Al único a mi nieto.

A diferencia del primer caso de acoso, este resultó ser cierto. La doctora representante de los trabajadores había empezado a trabajar en Madrid, pero un desengaño amoroso le había llevado a pedir el traslado a Barcelona. No sé si la similitud en las historias hizo que congeniase muy bien con Inés, pero el caso es que poco después iba en la lista como candidata para el comité de empresa.

El responsable médico del hospital catalán, que fue uno de los testigos, afirmó que todos los compañeros, tanto en Madrid como en Barcelona, sabían que Margarita (la denunciada) era una «boyera salida». Andaba tocándoles el culo y las tetas a las compañeras desde que llegó a Barcelona, y antes ya lo hacía en Madrid. Al principio lo hacía con chicas de su confianza, y algunas de ellas la correspondían, por lo que aquello parecía más un juego de amigas que otra cosa.

Por lo visto la situación se agravó cuando se convirtió en representante de los trabajadores. A partir de ese momento empezó a sentirse cada vez más segura y sus tocamientos y comentarios lascivos empezaron a dirigirse también hacia compañeras con las que no tenía ninguna relación. Fue a partir de entonces cuando comenzó a entrar en los vestuarios diciendo:

–Quiero ver chochitos, quiero ver tetitas.

Algunas mujeres empezaron a sentirse molestas, pero no se atrevían a hablar con Inés, ya que Margarita era una persona de su entera confianza.

Finalmente, un día se sobrepasó totalmente con la auxiliar denunciante y, mientras esta estaba sentada abrochándose los cordones de los zapatos, le puso el pubis en la cara y le dijo:

–¿No te gustaría chuparme un poquito?

La pobre auxiliar salió despavorida a medio vestir e inmediatamente puso la denuncia.

En esta ocasión los interrogatorios fueron tan desagradables como la primera vez, solo que aquí cada testigo te contaba una guarrería más de la denunciada y no quedaba ninguna duda de que los hechos habían ocurrido conforme a lo que aparecía en el escrito de denuncia.

Finalmente le tomamos testimonio a Margarita. Tanto Inés como yo pensamos que iba a reconocer los hechos y a pedir disculpas alegando que no creía estar molestando a nadie con su comportamiento. Si así hubiese sido la habríamos sancionado gravemente pero no la hubiésemos despedido. Sin embargo, y para nuestra sorpresa, lo negó todo y dijo que la clínica Los Tres Ases era homófoba y existía una campaña contra su persona por ser lesbiana.

La despedimos entonces, y también a su novia, una enfermera con la que llevaba apenas un mes pero que comenzó a recopilar apoyos dentro de su colectivo, alegando las mismas mentiras que Margarita.

Al igual que el anterior caso de acoso, el tema derivó en varios juicios que al final ganamos, pero con un enorme coste económico y sobre todo personal.

Tanto Inés como Jordi salieron gravemente perjudicados con el caso, ya que «La calvo» se ocupó de culparlos de todo y manipular los hechos a su antojo para dejarles en mal lugar. Trató de hacer lo mismo conmigo, pero al ver que los jefes me apoyaban, lo dejó estar. Era muy mala pero no era tonta. Tenía una vena sádica que usaba con los que consideraba débiles, pero se había dado cuenta de que yo no lo era, y prefirió cambiar sus objetivos destructivos.

Pensando en ella volví a hacerme la pregunta que ya me había surgido en demasiadas ocasiones en la clínica Los Tres Ases: ¿qué sería capaz de hacer esa mujer en un entorno de guerra? Me dio miedo solamente imaginarlo.

XV. UNOS SE VAN Y OTROS VUELVEN

Cuando el lunes siguiente a mi viaje a Barcelona llegué a la oficina, Amelia, la recepcionista impertinente, y Berta «La flaca» se habían reincorporado de sus bajas maternales. Ambas habían estado muchos meses fuera. Berta se había ido antes pero su niña nació después que el bebé de Amelia, que había sido sietemesino. La recepcionista se había pedido todas las vacaciones juntas y Berta solo algunas, por lo que al final ambas volvieron al trabajo el mismo día.

Berta pasó por delante de mí y ni me saludó. Sin embargo, la de recepción me abrazó nada más verme. Todavía no me había recuperado de la sorpresa que me produjo su abrazo cuando empezó a contarme:

–Me equivoqué contigo, Henar. Me he enterado de lo que hizo Luis y entonces vi todo claro. No sé si sabes que éramos muy amigos. Los dos vivimos en la sierra, muy cerca de Francisco también, y algunas veces se venía conmigo en el coche. Así hicimos amistad, y como mis padres tienen un bar en el pueblo y yo les ayudo los fines de semana, empezó a pasarse por allí, primero a tomar una caña y después se metía conmigo en la barra y nos echaba una mano.

»Pero poco después empezó a faltar dinero. Mi padre, que es muy callado pero observador, me dijo que no se fiaba de él. Tuvimos una pelea muy grande, porque yo lo defendí. ¿Cómo iba yo a pensar eso de mi compañero? No sabes lo mal que lo pasé cuando le tuve que pedir que no volviese a entrar a ayudarme porque a mi padre no le gustaban esas confianzas. Se ofendió muchísimo el muy cabrón y no volvió a pasarse por allí. Y desde entonces la caja siempre cuadró y no volvió a faltar dinero.

»Cuando me enteré de lo de las nóminas que se había transferido a su propia cuenta no daba crédito. Te juro que, porque no tengo pruebas, que si no le metía una denuncia que se iba a cagar. ¡Menudo hijo de puta! No sabes lo que tienen que trabajar mis padres en el bar para que encima un sinvergüenza les robe el dinero. Perdona que hable así, pero es que esta historia me tiene indignada.

»Pero la culpa la tengo yo, igual que contigo. Luis te odió desde el primer día y me ponía la cabeza loca con idioteces sobre ti, y yo no sabía por qué me las creía. De verdad que no sabes cuánto lo lamento. No te di ni la más mínima oportunidad. Pero te voy a compensar. Soy de las que reconoce cuando se equivoca y quería decirte que para cualquier cosa que necesites aquí estoy para ayudarte. Te lo digo de corazón. Espero que puedas perdonarme.

La verdad es que Amelia no era simpática con nadie, pero conmigo había sido especialmente desagradable desde el mismo día que me incorporé a trabajar. Sin embargo, me conmovió su discurso, que parecía realmente sincero.

–No te preocupes, Amelia; agradezco mucho tus palabras. Seguro que podemos volver a empezar –le dije sonriendo.

Iba a decirle que me enseñase alguna foto del niño, pero no tuve valor para ello. Seguía sin poder superar el daño que me producía ver a otros bebés. Sin embargo, algo me hizo sentir que tenía una nueva amiga en la clínica Los Tres Ases y la sensación me gustó mucho.

Al final de la mañana le dije a Francisco si comíamos juntos. Tenía ganas de saber qué había pasado con el loro después de lo que me había contado Jordi.

Cuando nos sentamos a comer le encontré triste. Pensé que era por la enfermedad de su mujer, pero no; el hombre me contó que su estado se debía al comportamiento de Berta, que desde primera hora de la mañana había empezado a martirizarlo y amenazaba con continuar haciéndolo cada día un poco más.

Traté de animarlo y empecé a bromear diciéndole que me hablase de la historia del loro que tan calladita había tenido. Sin demasiada convicción, el hombre finalmente me contó la anécdota:

–Poco después de que Jordi le trajese el pájaro de Barcelona, «El demonio» me llamó al despacho.

»–Francisco, te vendo un loro –me dijo.

»Casi me desmayo del susto. Sabía por Salisachs lo que le había costado, y maldita gracia que me hizo la propuesta. Conocía muy bien a Aznar y sabía que no era ninguna broma.

»–Imposible don Ángel –le dije–. Mi mujer tiene cinco gatos y seguro que la toman con él y no paran hasta matarlo.

Son muy listos esos bichos, y muy malos también, y lo que pasa es que a mi mujer le encantan y yo qué le voy a hacer.

»Mi rápida contestación pareció convencer al «demonio», que se fue sin decirme nada más. Creo que la idea de los felinos de mi esposa comiéndose al pobre bicho no le debió de hacer ninguna gracia. Pero no había pasado mucho tiempo cuando de repente un día me llamó a su despacho.

»–Francisco, me tienes que cuidar el loro durante las vacaciones. Eres el único que vive en un entorno propicio para él. No le puedo meter en un piso rodeado de niños, cuñados, suegras y vecinos. Tú tienes un terreno grande y sé que tu mujer lo cuidará bien. A las personas que les gustan los animales, como a ella y como a mí, nos gustan todos; no hacemos diferencias. Y, además, ya te cuidaras tú de que no le pase nada a Gabino, por la cuenta que te trae.

»–Gabino ¿quién es? ¿El loro?

»–Sí, le he puesto el nombre de mi abuelo, que era muy simpático y muy hablador. ¿Por qué lo preguntas? ¿Acaso no te gusta el nombre de mi abuelo?

»–No, no es por eso; me parece un nombre muy original. No como Juan, José, Antonio o Francisco, que así nos llamamos mis hermanos y yo. Dos por los abuelos y dos por las abuelas; cosas de los pueblos.

»–Desde luego que es original. En mi pueblo Gabino solo estaba mi abuelo, y de hecho a mi familia nos llaman así, 'Los gabinos', y a mucha honra.

»–Desde luego, don Ángel, pero yo no sé si mi mujer...

»–Calla, calla, si yo he podido con tres mujeres, no me digas que tú no vas a poder con una. Si hasta me han dicho que puedes con «La Flaca», y para eso hay que ser torero, torero, jajajá.

»–Tu mujer es encantadora, que la conozco hace muchos años, pero vamos que, si tengo que llamarla yo, no hay problema; la llamo ahora mismo.

»El caso es que al final me llevé el loro a casa. Mi esposa nada más verlo lo encerró en el sótano. Yo cada tarde, cuando volvía de trabajar, lo sacaba un rato, pero por la noche el animal volvía a la oscuridad, que la verdad es que mi mujer no se compadeció ni un poco, ni de él, ni de mí.

»A las tres semanas se lo devolví a su dueño creyendo que me había quitado un peso de encima. Sin embargo, pocos días después Aznar volvió a llamarme a su despacho.

»–Francisco, ¿qué le has hecho al loro, que no habla? –me preguntó.

»Casi me muero del susto, imagino que tantas horas en las tinieblas le habrían afectado, pero claro, no lo podía reconocer, y le dije que en mi casa se pasaba el día hablando y que desde luego era muy raro que hubiera dejado de hacerlo de repente.

»Esa semana lo pasé fatal, me calculé la indemnización y empecé a temerme lo peor. Cuando 'El demonio' me volvió a llamar a su despacho ya tenía preparado hasta el discurso de despedida. Pero ese hombre nunca deja de sorprenderme. De repente me dijo:

»–Francisco, te llamo solo para tranquilizarte, que sé que te quedaste preocupado por el animal. Todavía no habla, pero me ha dicho el psiquiatra especializado al que le he llevado que ha tenido un trauma causado por su separación de mí y que poco a poco lo irá superando. Ya me he quedado mucho más tranquilo. Es un especialista buenísimo, compañero mío de la carrera pero experto en psicología animal. Una eminencia.

»–No sabe lo que me alegro, don Ángel; la verdad es que, como usted dice, estaba muy preocupado, y mi esposa también. Los dos le habíamos cogido mucho cariño al pajarito.

»Al final, poco después el bicho murió. Aznar me dijo que finalmente no había podido superar el trauma y se había muerto de la pena que le había producido la separación, y que, para que el animal siguiese sufriendo, casi era lo mejor.

»Y eso es todo.

La verdad es que la historia era tan surrealista que parecía casi increíble. De verdad que por un momento me dieron ganas de volver al manicomio para relacionarme con gente normal. En esta empresa estaba todo el mundo como una cabra. La historia me hacía reír, y tenía ganas de hacerlo, pero miré a Francisco, que seguía muy decaído, y se me quitaron las ganas.

Cuando terminamos de comer y volvimos a la clínica, Amelia estaba muy nerviosa y nos dijo que acababan de llevarse a Aguilar a Urgencias porque le había dado un infarto. Al parecer el comité de dirección estaba reunido cuando le pasó e inmediatamente llamaron a los médicos del hospital que lo atendieron inicialmente. Una ambulancia lo trasladó después al hospital público más cercano. No sabía más.

Esa tarde, cuando salí de trabajar me sentí desvalida. Carlos Aguilar se había ido, al menos por un tiempo, y Berta Hernández había vuelto. Me di cuenta de que la falta de mi mentor me hacía sentir terriblemente vulnerable. Tenía a Francisco, a Fedra, a Elisa, y ahora también a Amelia. Sin embargo, sin «El águila» me sentía desprotegida, y no me gustaba nada sentirme así.

XVI. LA LLAMADA DEL ÁGUILA

Desde la incorporación de «La flaca» todo se fue haciendo más difícil. Sus comentarios despectivos sobre Fedra y su acoso directo a Francisco eran terribles. Ante esta situación, los compañeros adoptaron dos posturas: algunos hacían la vista gorda y se dedicaban a hacerle la pelota descaradamente a Berta sin ningún pudor, por aquello de que «a quien buen árbol se arrima, buena sombra le cobija», y otros, «los testigos mudos», trataban de hacerse transparentes con el fin de no caer en desgracia ante sus ojos y evitar ser tratados como los dos pobres «árboles caídos» que ya había en el departamento.

Elisa y yo sin embargo nos enfrentábamos directamente a ella cada vez que pensábamos que no tenía razón (que era casi siempre). A mí me daba igual porque la medicación que tomaba producía en mí ese efecto, y a Elisa le daba lo mismo porque realmente no necesitaba el trabajo, no tenía apego a la empresa y, si prescindían de ella, ya encontraría otra cosa.

Con respecto al comité de dirección, Aguilar estaba en el hospital, Aznar disfrutaba con ese tipo de situaciones, e incluso las fomentaba, Cecilia, como era habitual en ella, no aparecía por la empresa, y con «El águila» fuera (que era el que normalmente la mantenía informada), no debía enterarse de mucho. Los directores regionales, afortunadamente para ellos, eran ajenos a los problemas de Madrid, y Regina acababa de empezar un Máster de Dirección de Empresas en la escuela de negocios más cara del país, financiado por la clínica, y si antes venía poco, ahora no aparecía por allí (lo que en cierta manera era un alivio).

Cuando volvía a casa solía reflexionar sobre el comportamiento humano en las organizaciones, y cada día sacaba diferentes conclusiones, que solía anotar en algún cuaderno, e incluso una noche de insomnio hice un resumen que podía concluir más o menos así:

- «¿Dónde va Vicente? Donde va la gente» dice el refrán. En general en los trabajos las personas hacen lo que ven hacer a los demás. Y como hay muchos más malos que buenos, pues copian a los primeros y el mal se multiplica exponencialmente. ¡Una pena!

- En los puestos más altos de las empresas abundan los «malos malísimos», que se imponen a los buenos o a «los ni buenos ni malos» con sus malas artes.

- En las organizaciones, la mayoría siempre margina a alguien, aunque no quede claro el motivo, y es uno de los entornos donde más se aprecia la necesidad del ser humano de pertenecer al grupo.

- Las personas, al menos en España, tienen mucha dependencia de sus trabajos: económica, emocional, masoquista, etc. y, aunque sufran, permanecen atadas al sufrimiento, tratando de esconderlo, camuflarlo o incluso adaptarse a él.

- De cada doce hay un Judas, y si pudiésemos detectarlos a todos (a través de una máquina «anti-Judas») y los expulsáramos de la organización, al año tendríamos los mismos: algunos entrarían nuevos y otros que no lo eran se convertirían en clones del apóstol malo. (No sé cómo la tecnología, que tanto avanza, todavía no ha inventado algo para detectar a estos seres en vez de inventar móviles cada vez más caros).

- En general el trabajo saca el lado malo de la gente.

- Por hostil que sea el entorno laboral siempre encuentras personas que merecen la pena.

- En el trabajo se pasan muchas horas y tienes que buscar la mayor felicidad posible en el mismo. Nacemos para ser felices, y nuestra obligación es tratar de serlo. Nunca debemos conformarnos o adaptarnos a la maldad y al sufrimiento.

Además de dedicarme a divagar sobre el comportamiento humano en las organizaciones, por esos días también pensaba mucho en mi situación económica. Sabía que mi familia me había ocultado el estado de mis finanzas para protegerme. Mi hermano asumió la administración de mis bienes mientras estuve en el hospital. Era de pocas palabras, y cuando le preguntaba por cómo iba todo, a veces hacía un gesto con los hombros que quería decir: «No quieras saber» y en otras ocasiones, las menos, me decía: «Van». Mi hermana, mucho más locuaz, vivía fuera y no parecía estar muy al tanto de mis problemas económicos. En cuanto a mi madre, era mayor y no se enteraba de mucho, en parte porque tampoco quería enterarse para no sufrir más.

Pero yo sabía que mi esposo y yo teníamos una deuda importante: habíamos comprado la casa con el «boom» inmobiliario y nuestra hipoteca era muy alta. Además, dos meses antes del accidente, mi marido se había comprado un coche deportivo que estábamos pagando a plazos y que mi hermano tuvo que malvender.

Aunque yo nunca había dejado de cobrar, ya que el acuerdo de salida de mi empresa anterior complementaba mi prestación económica por enfermedad, además de hacerse cargo de los gastos del «manicomio» privado, era consciente de que con mi sueldo no podía achicar la enorme deuda que habíamos contraído. La pensión de viudedad de «autónomos» que me había quedado era insignificante comparada con los ingresos de mi marido. A medida que iba mejorando me iba angustiando más y más por esa situación.

Nunca había pedido un aumento de sueldo. El salario nunca había sido una prioridad para mí; posiblemente era el quinto o sexto factor motivador en mi trabajo, pero a lo mejor podía hablar con Aguilar cuando se recuperase y explicarle debidamente la situación para ver si podía ayudarme.

Como si me hubiese leído el pensamiento, en ese momento sonó mi móvil y era él. Yo me había interesado por su salud en los días posteriores al infarto, pero hacía tiempo que no hablábamos.

–Hola, Henar, ¿qué tal estás?

–Yo estoy bien, doctor. ¿Qué tal tú? Iba a telefonearte mañana. No te he llamado más a menudo porque no quería molestar. ¿Algún problema?

–Estoy mejor, pero me gustaría verte. ¿Puedes pasar por mi hospital mañana después del trabajo?

–Claro, me pasaré sobre las siete. Hasta mañana y que descanses.

Otra noche sin dormir, pensé. ¿Qué querrá ahora este hombre? ¿Querría afearme mi postura con Berta? Si era así no lo iba a consentir. Además, quería hablarle de Fedra y de Francisco... Aunque, pensándolo bien, necesitaba el trabajo; no eran tiempos para ponerme chula. ¡Madre mía! ¿Qué significaría esa llamada?

XVII. EN BUSCA DE UNA CLAVE PARA SALVAR AL MUNDO

Todavía no me había sentado a mi mesa por la mañana cuando recibí la llamada del hijo de Francisco. Habíamos coincidido en alguna de las paellas a las que me había invitado su padre. Era un chico muy agradable.

–Henar, te llamo para ver si puedes ayudarnos con la póliza sanitaria. Estamos en el hospital, en Psiquiatría. A mi padre le ha dado un brote sicótico esta madrugada y lo atendieron nada más llegar, pero ahora llevamos horas esperando y no sabemos nada de él. A lo mejor tú puedes ayudarnos con tus contactos en la sociedad médica.

–Pero, ¿qué ha pasado? –le pregunté, perpleja aún por lo que acababa de contarme.

–No sabemos. Mi madre me llamó de madrugada. Antes de cenar ya había llamado a mi hermana y se había quedado esa noche allí a dormir porque mi padre había empezado a hacer cosas raras. Ambas se acostaron preocupadas por su extraño comportamiento. De madrugada empezó a gritar: «¡La clave! ¿Cuál era la clave? ¡Sin ella no puedo salvar el mundo!».

»Tenía las pupilas muy dilatadas y decía un disparate tras otro, pero todos relacionados con la clave dichosa. Llamaron a Emergencias y cuando llegaron lo llevaron al hospital en ambulancia porque no reaccionaba. Yo me reuní allí con mi madre y mi hermana. Al rato salieron para decirnos que era un brote sicótico y nos preguntaron si había estado sometido a alguna situación muy estresante en los últimos tiempos. Nosotros no les hemos sabido decir; en casa no ha tenido ningún problema, y la verdad es que él habla poco del trabajo, aunque mi madre dice que en las últimas semanas estaba muy decaído, como triste y con pocas ganas de hablar.

–Sí, desde la reincorporación de Berta, la directora financiera, han tenido algunos encontronazos, pero no sé si como para provocar la situación que me estás contando. Voy a hacer todo lo posible para ver qué pasa en el hospital donde lo atienden y te digo algo en cuanto pueda.

Llamé a mi contacto en la empresa que nos gestionaba el seguro de salud y me dirigí a ver a Fedra y a Elisa para contarles lo que había pasado y para preguntarles si ellas sabían si había pasado algo grave que yo desconociese. Fedra no se había enterado de nada, pero Elisa empezó a contarme:

–Ayer por la tarde Berta vino varias veces a nuestro sitio para pedirle a Francisco una conciliación bancaria para los auditores. El hombre estaba muy liado con el cambio de una de las sociedades que están haciendo Los Tres Ases y andaba traspasando fondos de unas cuentas a otras. Pero ella quería que dejase todo para darle la conciliación bancaria. Se veía que lo hacía para fastidiarlo, porque lo que le pedía podía esperar perfectamente. Francisco no pudo más; ese día le habían dado malas noticias de la evolución del cáncer de su mujer y literalmente se levantó y se fue. Eso sí, antes de salir por la puerta, mandó a la mierda a «La flaca», pero con todas sus letras: «Vete a la mierda», le dijo. Y ya no sé más. Berta se fue directa al despacho de Aznar.

–Pobre Francisco; esa mujer va a terminar con él. La verdad es que no comprendo la inquina que le tiene –comenté yo.

–Francisco ya no calla –dijo Fedra–. Es el único al que Berta no puede doblegar, pero ella no va a permitir que le falte a la autoridad; la conozco bien.

–Veremos en qué termina todo esto –concluí yo con tristeza, porque sabía la respuesta y también quién iba a ganar la batalla.

Por la tarde, cuando salí de trabajar, fui a ver a Carlos Aguilar, según habíamos quedado. Estaba deseando llegar para contarle el último episodio acaecido en la clínica. Si el día anterior tenía dudas, después de lo que había pasado por la mañana sabía que no podía callarme la situación. Al entrar en el hospital, el mismo en el que estaba ingresado Francisco, me crucé con Charlie y con Cecilia hija, que salían por la puerta.

–Hola, soy Henar –dije por si alguno de ellos, o tal vez los dos, no me hubiese reconocido–. ¿Qué tal está tu padre? –pregunté, dirigiéndome al «príncipe azul que yo soñé».

–Va mejor, gracias –me contestó. Estaba muy serio.

Cecilia ni me saludó, aunque esta vez sí que me miró de arriba abajo. Lamenté no haberme retocado el maquillaje antes de salir del trabajo. Eran casi las siete de la tarde y me había levantado a las siete de la mañana. No me había mirado al espejo, pero imaginaba el aspecto que debía tener después del día tan tenso que había pasado tras el brote sicótico de Francisco. Se despidieron como con prisa y yo me fui a ver a mi jefe. Decididamente, nada era como en mis sueños infantiles...

El doctor Aguilar estaba sentado en el sillón del acompañante de la bonita habitación del hospital privado en el que estaba ingresado y donde le estaban tratando después de haber superado el infarto y de haber sido atendido de urgencia en la sanidad pública. Tenía el ordenador portátil en las piernas y parecía muy interesado en lo que fuera que estuviera leyendo. Me alegré sinceramente de verlo. No habían pasado muchos días, pero le echaba de menos.

–¿Cómo estás, doctor? –le pregunté, acercándome para darle dos besos.

–Estoy mejor –me dijo suspirando–. ¿Y tú, cómo vas? –me preguntó, aunque sin mucho interés en la respuesta.

–Estoy bien, pero no sé si te has enterado de lo que ha pasado hoy con Francisco, el pobre...

«El águila» no me dejó concluir.

–Sí, lo sé. Ayer me llamó Aznar para comentarme su encontronazo con Berta, y hoy me ha llamado Cecilia para decirme que está ingresado en esta misma clínica en la planta de Psiquiatría.

–Tenemos que hablar de Berta, doctor; no se puede admitir la forma en la que trata a Francisco y a Fedra. También a mí, y a cualquiera que la contraríe. Es algo intolerable. Su estilo de liderazgo militar, faltón, su prepotencia, su arrogancia; es una persona totalmente tóxica.

Aguilar suspiró profundamente antes de hablar:

–Henar, te he llamado porque no sé cuánto tiempo voy a estar fuera de Los Tres Ases. Me van a realizar una intervención más o menos complicada y antes de eso necesito ordenar mis cosas, por lo que pudiera pasar, tanto a nivel profesional como personal. De momento tú ocuparás mi lugar en las reuniones del comité de dirección. Ya lo he hablado con Ángel y con Ceci, y ambos están de acuerdo. En mi ausencia reportarás a Aznar, y cuando yo me recupere ya veremos qué pasa.

»Y con respecto a Berta, ya sé que no te entiendes con ella, pero eso no quiere decir que no debáis trabajar juntas. Tenemos que trabajar con todo tipo de gente, y las personas como Berta son necesarias en las organizaciones.

Estuve un rato sin contestar, asimilando lo que me acababa de comentar «El águila». Trataba de controlar la indignación que me producía su fría actitud ante una situación tan injusta, al tiempo que pensaba en lo que me había dicho sobre que lo sustituiría en las reuniones del comité de dirección. Finalmente le contesté:

–Está bien, lo intentaré. Hace mucho que dejé de tratar de entender por qué algunas personas ocupan determinados puestos en las organizaciones. Imagino que siempre hay un porqué y no siempre tiene que ser conocido por según qué personas. Berta Hernández estará en ese puesto amargando la existencia a unos cuantos por algún motivo que yo no tengo por qué saber.

–Mañana asistirás a la primera reunión –contestó Aguilar como si no me hubiera escuchado–, y te pedirán que procedas a negociar la salida de Francisco y de Fedra.

Ya está hablado y aprobado, por lo que solo tienes que asimilarlo y buscar un buen acuerdo para ellos. No queremos escatimarles ni un euro de indemnización, pero su tiempo en la clínica ha concluido.

Mis ojos se llenaron de lágrimas. Tenía que despedir a mis dos compañeros más cercanos. Y mi mentor me lo estaba diciendo como el que cuenta que hay que quitar las plantas de la oficina, porque ahora se lleva otra moda en los espacios laborales.

–Henar, no debes llorar; en tu posición imagino que habrás negociado más de una vez con personas a las que les tienes cariño, al igual que con otras a las que no se lo tienes. Es parte de tu trabajo. Además, aquí vas a ser generosa. Y las penas con pan son menos penas. Fedra no está para trabajar; es lo mejor que le puede pasar, y Francisco no debería haber emprendido una guerra contra la directora financiera de la empresa, porque se lo han fulminado en la primera batalla. Es tiempo de que cuide a su esposa y de que se dedique a sí mismo también. Seguro que al final se alegrará de salir de la empresa.

La reunión con Aguilar terminó rápido. Había pensado en ir a ver a mi compañero sicótico después, pero no tuve valor. Iría al día siguiente con Elisa y con Fedra, que ya habían quedado en visitarlo a la salida del trabajo.

Cuando llegué a casa se lo conté a mi madre. También se le saltaron las lágrimas.

–Desde luego, hija, vaya trabajo tienes; yo no podría hacerlo.

XVIII. NADIE HABLARÁ DE NOSOTRAS CUANDO HAYAMOS MUERTO

Mi primera reunión de comité de dirección fue tal como la esperaba, pero no por ello dejó de ser horrible.

Ángel Aznar presidía la mesa. A la derecha del «Dios Padre» se sentaba Berta Hernández, a la izquierda Gonzalo Osborne, Cecilia Albéniz al lado de «La flaca», y Salisachs al lado del andaluz, Regina Calvo junto a Cecilia, y yo me senté a continuación de mi amigo catalán. El otro lado de la presidencia quedó vacío; era el sitio de Carlos Aguilar.

Cuatro hombres y cuatro mujeres, un comité de dirección muy paritario, y con la ausencia del «águila», las mujeres éramos mayoría, pero una mayoría engañosa, ya que Berta y Regina realmente eran hombres, «hombres hembras», pero hombres en realidad. Ya su físico daba lugar a confusión, porque la extrema delgadez de ambas hacía que no tuviesen ni pecho, ni caderas, lo que les daba una apariencia masculina. Las dos siempre vestían con pantalones, Berta era elegante y Regina no, pero ambas tenían un estilo similar, con sus americanas, sus camisas clásicas de botones, sus cinturones y sus zapatos bajos (con tacones serían muy altas). Y, para remate, las dos tenían alopecia, algo muy poco común en las mujeres. Por lo visto Berta se había puesto implantes de pelo mucho antes de entrar yo, ya que su anorexia le había hecho perder gran parte de su cabello. Regina no se había implantado pelo, a juzgar por sus calvas, pero sin duda debería hacerlo.

Pero lo que las hacía masculinas de verdad no eran sus huesos, su calvicie o su manera de vestir; era su estilo de liderazgo: ambición, competitividad, control, autoridad, orientación a resultados y a métricas, y un lenguaje verbal y corporal idéntico al de los hombres. Además, ambas eran misóginas. Definitivamente no podían ser mujeres. No sé lo que pensaban los demás, pero yo no tenía ninguna duda sobre su género.

En resumen, el comité de dirección era más o menos como el de la mayoría de las organizaciones: setenta y cinco por ciento de hombres y veinticinco por ciento de mujeres, y si yo no permanecía en el mismo tras la reincorporación de Aguilar, pues sería todavía peor, ya que la única mujer sería Cecilia.

En la reunión, lo primero que se trató fue la cuestión de los dos despidos (yo no iba a decir nada; me limitaría a escuchar y a contestar si me preguntaban. Si decía lo que pensaba, ese sería mi primer y último comité de dirección, y además a nadie le iba a interesar mi punto de vista, por lo que para qué iba a hablar). Tardaron aproximadamente diez minutos en decidir sobre la vida de dos personas que se habían dejado la piel en la organización, y de esos diez minutos, Berta y Regina habían usado nueve en descalificarlas tanto personal como profesionalmente. Tuve que luchar duramente para no levantarme y cogerlas a las dos por el poco pelo que tenían, pero nunca había pegado a nadie en mi vida, y seguramente ese no era el mejor día para empezar a hacerlo.

Salisachs y Cecilia usaron un minuto para defender a mis dos amigos, aunque sin demasiada convicción, y Osborne y Aznar aprovecharon el tiempo de la discusión para estar con el móvil, como si el objeto del debate no les interesase en absoluto.

Finalmente se acordó el despido de Fedra de forma inmediata, y el de Francisco cuando se incorporase de su baja laboral. En ambos casos se prescindiría de sus servicios por una ineptitud sobrevenida. Así era la vida laboral, trabajabas duramente durante toda tu vida para una organización y terminabas como un inepto. Ciertamente era muy triste.

El resto del comité fue como luego serían todos los demás: Ángel hablaba, Gonzalo le hacía la pelota, Berta argumentaba sobre ahorrar costes de todo tipo, bajar sueldos a toda la plantilla y a cambio subir los beneficios del comité de dirección (y de paso el suyo, por supuesto). Regina criticaba todo lo que se hacía y a los que lo hacían, y se alababa a sí misma, y Cecilia y Jordi parecían convidados de piedra. Yo, manteniéndome firme en mi propósito de silencio apenas intervine; sin duda era lo mejor que podía hacer. Ya dice el refrán que «el que la lengua se muerde, más gana que pierde».

* * *

Por la tarde, cuando salimos de trabajar, Fedra, Elisa y yo fuimos a visitar a Francisco. Cuando entramos en la habitación no había nadie con él; su hijo acababa de irse y su hija estaba en la sesión de quimioterapia con su madre. Lo encontramos solo y desvalido. Tuve que luchar contra las ganas de llorar que me dieron. Últimamente parecía una plañidera. Tenía que reconocer que, como casi todos los apodos de la compañía, el de María Magdalena me venía muy bien.

El tesorero nos contó lo que recordaba de su experiencia buscando la clave para salvar el mundo; se te ponían los pelos de punta escuchándolo. Por lo visto los brotes sicóticos son muy comunes en situaciones de estrés y sirven para ayudar a desconectar de episodios que te producen mucho dolor, aunque sea a costa de hacerte perder momentáneamente la razón. En muchos casos evitan que el cuerpo sufra traumas peores.

Francisco había superado el brote y parecía bastante cuerdo. No tardarían en darle el alta hospitalaria, y tampoco parecía que fuese a tener una baja muy larga. Solo de pensarlo temblaba. Al día siguiente tenía que despedir a Fedra y todavía no sabía cómo abordarlo. Por supuesto el comité de dirección me había encargado que le comunicase el despido y negociase con ella, a pesar de que Regina se había ofrecido voluntaria. Afortunadamente nadie la vio capacitada para negociar con la venezolana; posiblemente terminaría insultándola, y a pesar del desquiciamiento de Fedra, nadie pensó que, tratándola mal, se sacase alguna ventaja.

Reflexionando sobre todo esto me iba poniendo más y más triste. Entonces miré por la ventana de la habitación de mi amigo para que no viesen mis lágrimas. El cielo estaba completamente negro.

***

Antes de irnos bajamos a la cafetería, más que nada para comentar cómo habíamos encontrado a Francisco. Allí estaba Charlie; el corazón me dio un vuelco al verlo.

Fedra se dirigió hacia él y Elisa y yo la seguimos.

–Hola, Charlie, ¿cómo está tu padre? No hemos querido ir a visitarlo para no molestar; venimos de ver al pobre Francisco.

–Sí, yo pasé a verlo a primera hora de la tarde también; le encontré bien. Mi padre en apariencia no está mal, pero le tienen que hacer una operación muy seria; por lo visto tiene el corazón muy dañado.

–¿Y cuándo será la intervención? –pregunté yo.

–Todavía no lo sabemos –me contestó, mirándome fijamente–. Tienen que hacerle muchas pruebas.

Traté de contestar algo, pero no me salían las palabras; su mirada me había dejado sin habla. Me había quedado muda (pude comprobar que eso realmente pasaba, que no era una frase hecha). Elisa y Fedra hicieron un par de comentarios más y yo permanecí callada como una idiota. Por favor, ¿dónde estaban las preciosas historias de amor que vivíamos en mis sueños infantiles? Ya no pude reprimir las lágrimas; sin decir nada salí de la cafetería y me marché. No creo que «el príncipe azul que yo soñé» se diera cuenta.

Durante unos meses me había aferrado a la idea de que Charlie podría sacarme de la pesadilla de vida que había tenido desde la muerte de mi familia. ¿Cómo podía haber sido tan ingenua?

* * *

Al día siguiente, tal y como habíamos convenido, quedé a comer con Fedra y le comuniqué la intención de la clínica Los Tres Ases de prescindir de sus servicios. Traté de convencerla de que era lo mejor para ella. La indemnización que le iban a pagar era muy importante, ya que llevaba muchos años en la empresa y tenía un salario alto. No me cuestionó nada; firmó sin mirar los números. Confiaba plenamente en mí, y eso que era de naturaleza desconfiada. En ese momento lo único que le preocupaba era que un señor sentado a una mesa cercana nos estaba espiando. Tenía una auténtica crisis paranoica. ¡Pobre mujer! Estaba realmente mal de la cabeza.

También la convencí de que pasase un tiempo en Venezuela con su madre y sus hermanos; estaba segura de que así mejoraría.

A la semana siguiente se marchó. Quince días después recibí una llamada suya que no pude atender y que me inquietó. Aun así, no le devolví la llamada, quizás por la diferencia horaria, o tal vez porque estaba muy agotada de todos los problemas. Jamás he lamentado tanto no hacer una llamada telefónica. Una semana después Elisa apareció en mi sitio llorando amargamente:

–¡Henar, Fedra ha muerto! Me ha escrito su hija y me lo ha dicho.

–¿Qué estás diciendo, Elisa? ¿Qué ha pasado?

–Por lo visto se ha caído por una escalera y se ha desnucado. Ha sido un accidente.

Nos abrazamos llorando. Poco a poco se fueron uniendo más y más compañeros. Todos estaban realmente impactados por la triste noticia.

Su hija se marchó a Venezuela para traer el cadáver y su hijo vino a la empresa a que lo ayudásemos a resolver todo el papeleo que implica un fallecimiento. Los dos chicos eran muy jóvenes para quedarse huérfanos y estaban solos, ya que tras el divorcio no sabían casi nada de su padre.

El muchacho llegó con una maleta llena de documentos. Hicimos lo que pudimos y afortunadamente comprobamos que su madre les había dejado en una situación económica muy buena. Antes de marcharse a Venezuela había unificado todos sus fondos en una única cuenta en una importante compañía aseguradora.

Meses después ambos volvieron a la empresa por si les podíamos ayudar de alguna manera, ya que el seguro de vida que tenía Fedra no les fue abonado porque no cubría el suicidio.

IXX. LAS CARTAS BOCA ARRIBA

A Francisco le dieron el alta hospitalaria a la semana de su ingreso y yo tenía instrucciones de negociar con él su salida antes de su alta médica. Fui a verlo a su casa, ya sin paella, y me encontré a un hombre triste y a una mujer sin pelo, sin cejas, sin pestañas, pero con una maravillosa sonrisa. La esposa de Francisco era increíble.

Creo que de alguna manera el hombre agradeció la noticia de su despido, llamado prejubilación para quedar mejor con él, lo que no implicaba que no despotricase uno a uno de casi todos los miembros del comité de dirección.

A diferencia de Fedra, a la que no le dieron ni las gracias por los servicios prestados, a Francisco le hicieron una fiesta de jubilación a la que acudieron muchos compañeros. También vinieron su esposa y sus dos hijos. Hubo muchas lágrimas, sobre todo por mi parte, y a la semana de su salida ya nadie hablaba de él.

Mis días en la clínica Los Tres Ases sin Fedra y sin Francisco se hicieron muy tristes. Elisa era joven y alegre, comíamos juntas de vez en cuando, pero empezó a juntarse más con las enfermeras y auxiliares de su edad. Yo, aunque lo intentaba, no podía reprimir mi amargura y creo que no era una buena compañía.

Ya había recibido el alta médica y Gloria, mi psicóloga, también dejó de tratarme para que pudiésemos quedar como las dos amigas que éramos ahora. Con ella de vez en cuando salía para visitar alguna exposición o para ir al teatro, aunque sin mi marido no disfrutaba de nada. También me había quitado eso, el gusto por el cine, por el teatro, por los museos y hasta por viajar (no podía hacerlo por mi situación económica, pero tampoco habría querido). El maldito me lo había robado todo.

Por otro lado, mi hermano finalmente me había confesado que si no vendíamos la casa en los próximos dos meses la perderíamos; no podíamos hacer frente a los pagos.

Desde la operación de Carlos Aguilar ya no hacíamos terapia de grupo de dos y no había vuelto a saber de Charlie. Vamos, que mi vida era una auténtica mierda.

Pero todo cambió de repente un día cualquiera, cuando «El águila», ya operado, volvió a llamarme y me citó en su casa, un piso de quinientos metros en el barrio de Salamanca. Acababa de recibir el alta del hospital.

–¿Cómo estás, Henar? –me preguntó nada más verme.

–¿Quieres la verdad? Pues estoy mal. El duelo no mejora, voy a perder la casa que compramos mi marido y yo por la que pagamos una barbaridad, mis días en la clínica sin Fedra y sin Francisco y rodeada de víboras se me hacen muy duros. Y el sol sigue sin salir...

Me miró fijamente y respiró profundamente antes de hablar:

–Voy a proponerte algo, que sé que al principio te parecerá extraño, pero que me gustaría que meditases. Quiero que te cases con mi hijo Carlos.

Creo que ni siquiera me extrañé; me vino inmediatamente a la cabeza la conversación extraña que tuvimos anteriormente y sus preguntas sobre mis intenciones de volver a contraer matrimonio y tener hijos.

–¿Y qué opina tu hijo de tu propuesta? –le dije sin mostrar ni siquiera sorpresa.

–Todavía no lo sabe. Quería hablar antes contigo. Lo llevo ya pensando un tiempo y lo había dejado todo planificado y redactado ante notario, por si no sobrevivía a la operación, pero como parece que de momento seguiré en el reino de los vivos, pues ahora os contaré mi plan a los dos, y he decidido empezar por ti. Creo que va a ser más fácil.

»¿No dices nada? Por supuesto cancelaría todas tus deudas y además recibirías una importante compensación económica, con la que podrías ayudar a tu familia. Además, consolidarías tu posición dentro del comité de dirección, lo que llevaría aparejada una importante subida de sueldo. Y a cambio solamente tienes que casarte con mi hijo y tener un hijo, y si son más, mejor.

–¿Y no sería más fácil que me inseminara? –le pregunté a modo de respuesta–. Con el semen de Charlie, claro. Nos ahorraríamos la boda y un montón de problemas. Ya sabes que me gustaría tener más hijos, ya no tomo medicación; a lo mejor ahora es un buen momento. Bastaría con que cancelases mis deudas; en otro momento no lo hubiese aceptado, pero necesito el dinero. El resto no me hace falta; no tienes que darme más; el dinero nunca ha sido una prioridad para mí. Tú me ayudas y yo te ayudo.

–Realmente estoy muy sorprendido con tu reacción, Henar. Tenía preparados varios discursos diferentes para convencerte en función de cómo reaccionases; lo que no me esperaba es esta respuesta.

–Ya nada tiene demasiado sentido para mí, ni me extraño de nada. Todo me parece normal, y nada me sorprende. Además, ya me hablaste de ello, aunque fuera de una forma sutil. Soy una chica lista, no vayas a pensar lo contrario.

–Sí, es verdad que te hablé, pero siempre de matrimonio. Eso no es negociable; yo soy un hombre chapado a la antigua. No es que no crea en la inseminación artificial; todo lo contrario. Sé muy bien de lo que vivo, pero quiero una familia tradicional para mis nietos, con un padre (aunque viva fuera por su trabajo), una madre que se ocupe de ellos, abuelos y abuelas, tíos, primos; en definitiva, la estabilidad que proporciona una familia «de las de siempre». Por lo tanto habrá boda, y si no hay divorcio mucho mejor. Sé que Carlos querrá a sus hijos, no es diferente de los demás, y vendrá a verlos, y cuando lo haga seréis (bueno, seremos) una familia.

»En cuanto a la forma de engendrarlos, en un principio podría dar igual, pero creo que sabes por lo que hay que pasar; los tratamientos no son precisamente agradables, todo lo contrario. Creo que sería bueno que lo intentaseis de forma natural; si transcurridos unos meses no prospera el embarazo recurriríamos a la inseminación. Todo está recogido en el contrato que te voy a proponer. Y, quién sabe, a lo mejor entre intento e intento os enamoráis. ¿Por qué no? Hay algunos matrimonios de conveniencia que terminan mucho más enamorados que otros que empezaron cargados de pasión. Yo conozco alguno.

»No soy tonto, sé que mi hijo no te desagrada, y las mujeres tenéis muchas armas para gustar a los hombres. Si mis nietos tienen unos padres enamorados, mucho mejor para todos. ¿No te parece?

–Doctor, puedes comprar muchas cosas, pero el amor no se compra; ni el mío, ni el de tu hijo. Y sí, me gusta Charlie; es un hombre muy atractivo y lleva el tipo de vida con el que yo soñaba de pequeña y en otro momento hubiera podido enamorarme de él perfectamente. El problema es que yo ya no puedo enamorarme, ni de él ni de nadie.

»Y en cuanto a tu hijo, no le conozco mucho, pero me parece que no le va a gustar nada la idea del matrimonio, la paternidad y todo lo que conlleva, por lo que el que se enamore de mí porque tú se lo digas ya me parece una auténtica quimera.

»Dame el contrato para que lo revise por si quiero cambiar alguna cosa, aunque te doy mi respuesta ya: me casaré con tu hijo si él acepta.

Cuando salía por la puerta Carlos Aguilar me hizo una última pregunta:

–Henar, ¿os conocíais ya mi hijo y tú? Al final nunca me lo confirmaste.

–Sí, claro que nos conocimos; es una larga historia que algún día te contaré. Pero tu hijo no me recuerda; por lo tanto es como si nunca nos hubiésemos conocido.

Cerré la puerta con mi tristeza a cuestas. De camino a casa, en otra noche oscura, con mi contrato de matrimonio de conveniencia en la mano, pensaba cuántos mundos hay en el mundo. No es necesario cambiar de continente, ni de país, ni siquiera de ciudad, para encontrar a personas que viven una realidad completamente diferente a la tuya. Personas que se siguen uniendo por intereses económicos para así reforzar o mejorar su posición social; gente que compra lealtades, e incluso voluntades de personas como yo, a las que usan para sus propios fines; personas que parecen normales, o no tan diferentes a ti, pero cuya vida, cuyos pensamientos, sentimientos, actuaciones, son completamente opuestos a todo lo que tú has vivido, visto o sentido...

Y estos seres están en todos los continentes, países y ciudades; viven en su propio híper mundo, donde todo funciona de otra manera. Y, por supuesto, solamente se mezclan entre ellos. Yo solo iba a ser una pieza necesaria en ese momento porque la vida me había colocado en un sitio determinado en un momento oportuno. Jamás me aceptarían. Entraría en su mundo para cumplir una misión y saldría de él, cuando fuese, sin haber estado nunca allí de verdad. Sin embargo estaba contenta: si podía tener otro hijo quizás podría volver a vivir, porque ahora sentía que pululaba por la vida pero que realmente no estaba en ella.

XX. UNA JAURÍA HUMANA

Por supuesto Charlie se opuso rotundamente a nuestro matrimonio. Su padre canceló todas las aportaciones económicas a su hospital y, una semana después de haberlo tenido que cerrar, firmó el contrato prematrimonial con una sola condición: no verme hasta el día de la boda. Con el dinero que «El águila» le donó a cambio de la firma abrió dos quirófanos totalmente equipados y contrató a veinte sanitarios más para su hospital. La boda se programó para tres meses después.

Carlos Aguilar y yo planeamos la estrategia de comunicación a seguir dentro de la clínica y empezamos a contar que Charlie y yo nos habíamos conocido siendo adolescentes, que habíamos tenido una breve relación y que, a través de las redes sociales, nos habíamos vuelto a reencontrar.

Es curioso cómo una mentira puede hacer de repente que todo encaje. En la clínica por supuesto todos creyeron la historia. Ahora entendían mi contratación, mi excelente relación con el doctor Aguilar, mi inclusión en el comité de dirección... Al final había resultado ser lo que todos pensaban: una enchufada, una oportunista que se había liado con alguien para obtener una posición ventajosa dentro de una empresa. Solamente habían equivocado a la persona: no estaba con el padre, sino con el hijo.

Amelia y Elisa se alegraron infinitamente de mi compromiso. También Jordi e Inés. El cinco por ciento de «buenos buenísimos» se debieron alegrar también por su condición, lo que pasa es que yo seguía sin encontrarlos; entonces no se lo pude agradecer. Los «malos malísimos» lo llevaron fatal, por aquello de que la envidia es el deporte nacional; y entre los «ni buenos ni malos», que eran la mayoría, hubo un poco de todo, dependiendo de hacia dónde se escorasen, si hacia el bien o hacia el mal.

En el comité de dirección las cosas se pusieron muy difíciles para mí.

Santa mostró desde el principio una alegría sincera.

Gonzalo no se alegró por la noticia, porque no se alegraba de nada bueno que le pasase a cualquiera que no fuese él mismo, pero al menos la futura boda tampoco parecía molestarle.

Ángel Aznar pensaba que Carlos Aguilar terminaría vendiendo su parte del hospital y que podría ejercer su derecho preferente a la compra de sus acciones. Aunque no podía saber la verdad, era terriblemente astuto e intuía que algo no encajaba en nuestra historia. Prácticamente dejó de dirigirme la palabra, y esta vez no volvió a retomarla.

Cecilia Albéniz creía que «El águila» terminaría vendiéndole su parte a ella y así su hija heredaría, llegado el momento, la mayoría de las acciones de la clínica Los Tres Ases. Volvió a no saludarme cuando me cruzaba con ella por los pasillos.

Berta Hernández no podía creer que Charlie –por muy «perroflauta» que pareciese– se casase con una pobretona como yo, que no le llegaba ni por el hombro. Dolores siempre me decía que a «La flaca» le gustaba el hijo de Aguilar y que cada vez que pasaba por el hospital les comentaba a las chicas de su equipo el culito tan mono que tenía.

Eso sí, nunca se había atrevido conmigo, pero ahora se atrevía todavía menos. Lo que yo tenía claro es que, si pudiese, me aniquilaría.

Regina Calvo nunca me había hablado, y ahora, aunque poco, algo me decía. Al igual que Berta, empezaba a temerme. Creo que desde mi compromiso estaba todavía más calva por el disgusto.

Y en cuanto a Carlos Aguilar, para contentar al menos a los miembros del comité que no eran socios mayoritarios, accedió a algo terrible para mí: proceder al despido de Jordi Salisachs y a su sustitución en la dirección de las Clínicas del Noreste. Berta Hernández sería la nueva directora de la clínica de Navarra, además de directora financiera; Regina Calvo pasaría a dirigir la clínica de Barcelona, además de continuar ostentando el cargo de directora de Legal. En cuanto a Gonzalo Osborne, no asumiría ninguna función más, pero para obtener su voto favorable a las nuevas direcciones se decidió incrementar su sueldo un cincuenta por ciento. Como era poco trabajador tampoco reclamó ninguna tarea más; con Marbella le sobraba.

Los tres firmaron la salida inmediata de su hasta ahora compañero del comité de dirección. «El demonio» votó también a favor para darle más poder a su protegida «La flaca» y a su cuñada «La calva», y Cecilia se abstuvo. Yo no tenía voto hasta después de la boda. Mi amigo Jordi Salisachs, «Santa» para todos, salió de la empresa, dejándome sola ante aquella jauría.

Es curioso cómo las organizaciones son tan mezquinas a la hora de prescindir de sus empleados; normalmente preparan un plan perverso consistente en hundir la reputación profesional de la persona que va a salir para que, cuando se produzca el despido, los compañeros se alegren del mismo.

Lo había visto en numerosas ocasiones a lo largo de mi vida profesional, pero el caso que más me impactó fue el de la responsable de Formación de mi empresa anterior. Era una profesional muy reconocida por la organización, pero tuvo un accidente de coche muy grave que la tuvo fuera de la empresa dos años. Cuando volvió la había sustituido una de sus colaboradoras más fieles, lo que era normal, ya que la empresa no podía esperarla.

Cuando se reincorporó no había sitio para ella. Entonces comenzó la estrategia de destrucción y empezaron a dejarla sin ningún tipo de función, pero tenían que mantenerle el sueldo, por lo que en la empresa arrancó a correr el rumor de todo lo que ganaba para lo poco que hacía. Se hizo molesta. Además, todo su equipo empezó a apartarse de ella, del árbol caído que ya no daba sombra... Andaba por los departamentos pidiendo algo que hacer, aunque fuese fotocopias. Todo fue tristísimo.

En su juicio, porque no hubo acuerdo, me contó que quería poner dinero para los regalos de cumpleaños de sus compañeros de departamento, con los que llevaba toda la vida, y que no se lo cogían. ¿Puede haber un gesto más mezquino que ese? ¿Qué hace el trabajo con las personas?

Sin embargo, esa mujer era feliz; me lo dijo el día del juicio. Había tenido un accidente gravísimo, pero había sobrevivido, y también su hija que iba con ella; había tenido operaciones terribles, pero había quedado bastante bien; tenía una familia que la quería... Yo estaba avergonzada por la postura de mi empresa, que le escatimaba una parte de la indemnización, pero ella, al despedirse, me dijo que no me preocupase por ella, que aunque perdiese el juicio (que perdió) se conformaría, ya que sabía que era una persona que había tenido mucha suerte. Me dio una lección de vida.

El día que se aprobó en el comité de dirección el despido de Jordi recordé esa historia, porque una vez más iban a preparar el terreno para que todo el mundo se alegrase de la salida de la clínica de nuestro Santa Claus particular.

Regina aportó un protocolo de investigación (exprés) de una denuncia de acoso contra Salisachs, formulada por tres empleadas de la clínica de Navarra. La denuncia la había recibido «La calvo» por correo, lo que ya era raro, ya que nadie la conocía, y aunque era la máxima responsable del departamento Legal, lo cierto es que salvo en el caso de Marbella no había intervenido en su vida en ningún tema relacionado con los empleados de la clínica.

Otro tema extraño era que una de las denunciantes, afiliada a uno de los sindicatos mayoritarios del país, no le había comunicado nada a la representación legal de los trabajadores.

Por último, yo tampoco había sido informada de nada.

Regina contrató a uno de sus despachos para millonarios, pagó una minuta descomunal y nos presentó un informe donde no había ninguna duda acerca de la culpabilidad de mi amigo.

«La calvo» justificó la desinformación hacia Inés y hacia mí basándose en que como ambas éramos amigas suyas podríamos tender a protegerlo. Por eso había contratado a un despacho independiente, saltándose las reglas fijadas en la política de protección contra el acoso marcadas por la compañía.

Todos leímos el informe y ninguno creyó nada de lo que allí ponía (de eso estoy segura), pero eso no les impidió votar a favor del despido fulminante de un buen hombre.

En el detallado documento también se hacía referencia al supuesto conocimiento y ocultación del acoso por parte de Inés, la presidenta del comité de empresa, y, para mi total desesperación, propusieron también su despido, previa apertura del consiguiente expediente contradictorio (necesario legalmente en estos casos).

Finalmente, Regina se había quitado los trastos viejos que tanto la molestaban. Creo que ese día fue uno de los peores de mi vida profesional.

Lo que me demostró que todos sabían que nada de aquello tenía sentido fue que a los dos se les dio la indemnización sustancialmente mejorada por despido improcedente. Acallaban su conciencia (o lo poco que les quedase de ella) con dinero.

Aquella tarde, cuando salí del comité de dirección me fui directamente a vomitar al servicio. Luego le pedí vacaciones a Aguilar a través de la aplicación informática que teníamos en la empresa. Siempre se lo comentaba antes personalmente, pero en esta ocasión no quería verlo. No podía entender nada de lo que había pasado.

Cuando salí me adentré en la noche más oscura que recordaba. ¡Por favor, es que nunca iba a volver la luz!

* * *

Los despidos de mis dos amigos fueron inmediatos. Los llamé a los dos y quedé en verlos después de mis vacaciones y antes de la conciliación previa al juicio de despido. La palabra que mejor podría definir la situación en la que se encontraban era perplejidad.

Aproveché mi semana de vacaciones para ir a Navarra. Allí me entrevisté con varios empleados y conseguí que una de las denunciantes, arrepentida por las consecuencias de lo ocurrido, me corroborase que la sindicalista de ese centro les había convencido de que Santa Claus las miraba obscenamente y que se excedía cuando las abrazaba al saludarlas o al despedirse (Salisachs era un hombre de contacto, muy cariñoso). Me dijo también que Regina había ido a hablar con ellas y les había preparado el escrito que habían mandado después. La mujer arrepentida era también representante de los trabajadores y no podía creer que por firmar ese papel que había redactado otra persona hubiesen despedido a Inés, que era quien mejor se había portado con ella en la empresa. Accedió a que grabase su testimonio y con él me fui a ver a mi futuro suegro:

–Henar, debes destruir esa grabación. El daño ya está hecho y no tiene ya remedio. Jordi e Inés recibirán una generosa indemnización y se jubilarán. Al final les hemos hecho un favor.

–Pero yo no puedo trabajar así, doctor. Iría en contra de mis principios, contra mi dignidad, y eso es lo único que tengo. No me lo podéis quitar. Si no tienes ni principios ni dignidad no eres nada. ¿Es que acaso no lo entiendes?

–No seas tan dramática, querida. Lo que tienes que hacer es cambiar las cosas desde dentro. No ha sido fácil conseguir un puesto para ti en el comité de dirección. Hemos tenido que hacer algunos sacrificios, pero el fin es bueno. Desde dentro podremos mejorar las cosas, primero juntos y luego ya tú. Pero para ello debes ser fuerte y controlar tus emociones, de otra forma solo conseguirás sufrir porque no puedes cambiar la ambición y el ego de los demás. Solo puedes ser más fuerte que ellos y vencerlos.

Salí de casa del «águila» para ir a mi tratamiento de belleza. Uno de los regalos que había recibido a cambio de mi firma en el contrato prematrimonial eran sesiones ilimitadas de tratamientos faciales y corporales para llegar «radiante» a mi boda. Algunas de las cosas que puede comprar el dinero pueden alegrarte la vida. Siempre había sido muy presumida, y disponer no solo de los medios materiales, sino del tiempo necesario para ir a aquellas sesiones no podía negar que era algo bueno para mí. Decir lo contrario sería mentir.

En la conciliación no fui capaz de proporcionarles una explicación a Inés y a Jordi; les hablé de mi futura boda y les di a los dos una invitación, explicándoles que iba a ir muy poca gente y que para mí sería maravilloso que vinieran (sabía perfectamente que no iban a ir, y además lo prefería).

Supe que ya nada sería igual entre nosotros y me volví a Madrid tan triste que apenas podía caminar. Me daba la sensación de que no podría llegar a la boda, y si no podía llegar a eso menos aún al embarazo, lo único que pensaba que podía salvarme de la desesperación en la que vivía.

A mi familia le había contado que me estaba viendo con el hijo de mi jefe, que trabajaba fuera pero que estaba pasando una temporada aquí. Un mes antes de la boda les daría más información. Por el momento todo era demasiado complicado para contarlo; no creo que lo entendiesen. Ellos estaban muy contentos; solamente querían mi bien y se alegraron mucho de que hubiese iniciado una nueva relación. Cuando los fines de semana salía con Gloria, ellos pensaban que quedaba con mi nuevo novio. Nadie parecía sospechar nada. Todo seguía según los planes del «águila».

XXI. LA BODA

La ceremonia de la boda fue por la tarde en la iglesia de los Jerónimos. Un jueves, eso sí; por mucha influencia que tuviese Carlos Aguilar, con tres meses de antelación fue imposible conseguir celebrarla en viernes, sábado o domingo.

El convite se celebró en el Ritz. Hubo cincuenta invitados: diez por mi parte, diez de la clínica Los Tres Ases, y treinta entre familiares y amigos del «águila».

Al igual que en mi primer matrimonio, mi vestido era de gasa, solo que esta vez de Valentino. También llevaba una corona de flores en el pelo, como en mi primera boda, solo que, en lugar de una melena rizada para la ocasión, ahora lucía el cabello corto, con una tiara de flores discreta y carísima. Eso sí, creo que en ambas celebraciones estaba muy guapa; la diferencia es que en la primera mi marido no paró de decirme lo preciosa que estaba y de darme besos a cada momento (y eso que no era cariñoso) y en la segunda mi esposo no me miró ni una sola vez.

Cuando terminó la ceremonia nos fuimos todos andando al hotel más bonito de Madrid. Yo iba del brazo de mi padrino, Carlos Aguilar; mi hermana, que era la madrina, iba del brazo de su marido, y mi segundo esposo, Charlie, iba del brazo de su amante, Cecilia. Aquello no pintaba bien.

Aguilar había reservado un salón discreto con cinco mesas, pero con el mejor menú y cuidando todos los detalles, como correspondía a una boda del híper mundo.

En la mesa nupcial nos sentamos Charlie y yo, «El águila», mi padre y mi madre, debidamente separados por mis dos hermanos, y mis dos cuñados, y Cecilia y su marido, el viejo banquero. Todo iba de mal en peor; sinceramente no sé qué pintaban esos dos en la mesa de los novios.

A nuestra derecha estaba el comité de dirección de la clínica Los Tres Ases al completo con sus respectivas parejas. Sin Jordi Salisachs eran justo diez. Aznar y Cecilia, con sus respectivos cónyuges, compartieron mesa; eso sí, al igual que mis padres fueron debidamente separados. Osborne trajo a su mujer, que a diferencia de él iba muy elegante, y las dos abejas reinas: Berta y Regina, que también trajeron a sus maridos, los dos anodinos como pobres zánganos a merced de las reinas del panal.

Sentados a nuestra izquierda una mesa íntegra de mujeres: Amelia, Elisa, las cuatro chicas de mi equipo, Gloria, mi sicóloga y tres amigas a las que finalmente también invité: dos del instituto y una de la carrera, a cuál de las tres más rara, como diría mi primer marido.

El resto de los invitados eran familiares y amigos de Carlos Aguilar; solamente conocía al Dr. Bartolomé, que me abrazó muy cariñoso y me deseó lo mejor. Los demás también vinieron a conocerme y todos fueron educadísimos, como corresponde a la gente de su clase social. Charlie no había invitado a un solo amigo, aunque tampoco sabía si tenía alguno.

La excelente cena se me hizo eterna. Al final le había contado a mi hermana la verdad. Solamente conocían la existencia del contrato prematrimonial y todo lo demás, ella, Gloria, Aguilar, Charlie y yo. Creo que echaba de menos al loro, que me hubiese ayudado a superar la situación surrealista que estaba viviendo. Al fin y al cabo todo había empezado con él. Aunque ya no tomaba medicación, había conservado muchas pastillas. Mezclé una de ellas con alcohol y me sentí todavía peor...

Cuando terminó la cena había barra libre, con un pianista que amenizaba «la fiesta». Aunque no era tarde, la mayoría de los invitados mayores, que eran casi todos, se fueron. También mis padres, mi hermano y mis cuñados. A mi hermana le pedí encarecidamente que permaneciese conmigo. También se quedó Gloria.

La mesa de las chicas se quedó voluntariamente (todo mi departamento, Amelia, Elisa y mis tres extrañas amigas se hicieron íntimas gracias en parte al excelente vino que habían servido), y la maldita Cecilia también permaneció al lado de mi flamante esposo, a pesar de que el suyo había sido el primero en retirarse.

Al final estábamos trece mujeres, todas borrachas en mayor o menor medida, y un hombre: Charlie, el más ebrio de todos y que a esas alturas ya no se tenía en pie.

Antes de que el pianista terminase su repertorio me fui al servicio con mi hermana y con Gloria para llorar un rato. Esa maldita boda no podía salir bien. Les propuse a ambas matar a Cecilia, pero ninguna de las dos lo vio claro, y aunque lo hubiesen visto, no creo que estuviesen en condiciones de hacerlo.

Cuando por fin terminó la música, ambas me ayudaron a subir a la suite nupcial: yo iba en medio y cada una de ellas a un lado sujetándome a mí con una mano y sus respectivas copas con la otra. También me ayudaron a quitarme el vestido de novia de Valentino. No pude parar de llorar recordando como mi primer marido desabrochó uno a uno los botones de mi primer vestido de novia, después de haberme cogido en brazos para cruzar la puerta de nuestra casa para llevarnos a nuestra «noche de bodas». También ese día terminé la noche un poco bebida, pero todo fue maravilloso...

En mi segunda boda todo era diferente: fueron mi hermana y mi amiga las que me ayudaron a llegar a la suite nupcial, y ninguna de las dos estaba para cogerme en brazos. También fueron ellas las que me quitaron el vestido de novia; no tenía botones como el otro, pero creo que tardaron más que mi primer esposo por el lamentable estado en el que ambas se encontraban. La verdad es que estaban tan mal que creí que tendrían que quedarse a dormir conmigo en ese magnífico dormitorio de película, pero al final consiguieron salir de allí abrazadas en un ejercicio de exaltación de la amistad, a pesar de que se habían conocido esa noche.

Cuando se marcharon lloré todavía un poco más sola. Aun así decidí estrenar la ropa interior de encaje blanco comprada para la ocasión y me tomé un somnífero mezclado con la copa que mi hermana había dejado sin terminar en la mesilla de noche. Antes de dormirme tuve fuerzas para lavarme la cara y quitarme el maquillaje corrido por las lágrimas.

No sé cuánto tiempo había pasado desde que me había dormido cuando escuché golpes en la puerta. Estuve todavía unos segundos, o quizás unos minutos, tratando de recordar y entender la situación. Finalmente pude levantarme y, tambaleándome, conseguí llegar a la puerta y abrir. Lo que vi tampoco me sorprendió demasiado. Al otro lado estaban Charlie y Cecilia, abrazados, haciéndose carantoñas. En un principio lo único que pensé es si querrían hacer un trío; últimamente no paraba de oír este tipo de prácticas y empecé a preparar mi contestación, ya que en ningún caso estaba dispuesta a eso. Pero no, parecía que los tiros no iban por ahí, ya que mi esposo me miró de arriba abajo, se despidió de Cecilia y empezó a toquetearme por todas partes (ese día entendí el significado de la palabra pulpo atribuida a un hombre). Estaba tan perpleja por la situación, y por los efectos de las pastillas mezcladas con alcohol, que no supe reaccionar, pero Cecilia sí que supo. Hábilmente separó a Charlie de mí y se lo llevó con ella, no sin antes mirarme con cara de triunfo. Él protestó un poco, pero finalmente cedió y se marchó con su amante.

Yo me volví a la cama, confundida todavía por lo que me había pasado, pero sin darle demasiada importancia. Como me dolía un poco la cabeza tomé otro analgésico y antes de dormir pensé que menos mal que salíamos por la tarde de viaje para la luna de miel, porque la mañana iba a ser dura.

XXII. EL CUMPLIMIENTO DEL CONTRATO

Sorprendentemente no me levanté tan mal como había pensado, pero por si acaso me tomé otra pastilla con el fantástico desayuno que degusté sola en mi fabulosa suite nupcial. Después me di una larga ducha, al tiempo que inspiraba energía y expiraba negatividad, como me habían enseñado en meditación. Tenía el equipaje preparado y todavía me sobraba mucho tiempo antes de salir de viaje; podía invertir en la ducha todo lo que quisiera...

No tenía ganas de hablar con nadie, por lo que mandé algunos mensajes a la familia y no cogí ninguna de las llamadas que recibí, a excepción de la de Carlos Aguilar:

–¿Qué tal, Henar? ¿Cómo ha ido todo?

–Hola doctor, yo estoy bien, pero ayer la cosa no terminó como habíamos pensado. Tu hijo apareció en la puerta de mi habitación con Cecilia, y aunque parecía que él tenía ganas de quedarse conmigo, ella se lo impidió. Todo muy humillante, la verdad. No sé dónde habrá pasado su noche de bodas, imagino que con su amante.

De repente me puse a llorar, pero continué hablando como pude:

–No sé si esto va a salir bien porque lo que es empezar ha empezado muy mal. Me he sentido como la Carmen de *Cinco horas con Mario* de Delibes. ¿Lo has leído?

–Pues no; sabes que solo leo libros sobre temas científicos, lo siento. Delibes era cazador como yo; seguro que es muy interesante lo que escribió, pero no creo que lo lea. De todas formas no debes preocuparte, querida. Cecilia no es rival para ti, todo se arreglará. Voy a tratar de localizar a mi hijo; tiene que coger el avión, y aunque tenga que llevarle yo por las orejas lo cogerá, no tengas ninguna duda.

Llegué pronto al aeropuerto, sola, camino de mi luna de miel. Antes había pasado por la peluquería del Ritz. Llevaba un precioso traje de Armani y, a pesar de todo lo que me había pasado, me sentía muy guapa. Es curioso como cuando te sientes hermosa los demás también te ven así; en el aeropuerto noté muchas miradas, algunas sonrisas, a las que yo correspondía, y me sentí un poco menos angustiada, aunque no paraba de pensar a quién podría invitar a mi luna de miel si Charlie finalmente no aparecía. Al final decidí que, si no venía, me iría sola.

Ya estaba en la cola de embarque cuando le vi llegar. Tenía un aspecto deplorable, pero la verdad es que me tranquilizó que finalmente hubiera aparecido. Me salí de la larga fila de pasajeros preparados para embarcar y lo esperé, aunque realmente no me sirvió de nada ya que llegamos a nuestros asientos de primera clase sin habernos dirigido la palabra.

Íbamos a pasar la luna de miel en Amalfi, en casa de un buen amigo de la familia. En el híper mundo nadie paga por sus vacaciones; es otra cosa que los distingue de los demás. Cuando eres de la clase obrera (a la que ya no pertenece casi nadie, según las estadísticas), de clase media, o incluso de clase media alta, tienes que pagar más o menos por tu ocio, pero cuando vives en el híper mundo el ocio es gratis, y nosotros íbamos a disfrutar de una exclusiva villa en el sitio más bonito de la costa amalfitana sin haber pagado nada. Sin duda el mundo era terriblemente injusto, pensé, aunque la verdad es que, desde la muerte de mi hijo, la justicia social me importaba muchísimo menos.

Sentada al lado de mi marido, terriblemente perjudicado por la noche anterior, pensaba en cómo abordar lo que tenía que decirle. Después de algunos minutos de silencio lo hice sin contemplaciones, como solía hacer mi madre, y de la forma clara y sincera que siempre había odiado de pequeña:

–Has firmado un contrato, igual que lo he firmado yo, y tienes que cumplirlo.

»Sé que te crees superior a mí, porque piensas que tu fin, mantener abierto un hospital en el Congo, es mejor que el mío, pero no conoces mis motivos. Por lo tanto, no debes infravalorarme, y mucho menos humillarme como hiciste anoche.

»Si vamos a tener un hijo en común, cosa a la que nos hemos comprometido los dos, tienes que comportarte como una persona decente y no traer a tu amante a mi habitación. ¡Jamás vuelvas a hacer una cosa así o romperé el maldito contrato! Y ¿sabes a dónde irán tus niños negritos? Pues en vez de al hospital se irán a la mierda.

Cuando terminé de decirle lo que pensaba me quedé tranquila. Él no dijo nada y no pude ver la expresión de sus ojos, ya que en ningún momento desde que había llegado al aeropuerto se había quitado las gafas de sol. Yo, ya desahogada, me puse a dormir tranquilamente.

* * *

Charlie trataba de asimilar lo que le estaba diciendo Henar, pero tenía una resaca tan fuerte que le costaba entenderla. Desde luego parecía enfadada; no sabía que tenía tan mal carácter, daba la imagen de ser una niña tonta.

Desde luego estaba preciosa; todavía la recordaba en la puerta del dormitorio nupcial con su encaje blanco ajustadísimo y su inocente aspecto mirando a Cecilia desconcertada.

Ya sabía que no era amante de su padre, por mucho que Cecilia le dijese que sí. Cuando este le presentó el contrato prematrimonial supo que Henar era solamente un peón más en el tablero de ajedrez de su progenitor.

Tenía que haberse quedado con ella la noche anterior; Cecilia era su amiga y su amante habitual, pero tenía demasiados huesos, y además estaba harto de tetas operadas. Salvo la cooperante francesa con la que estuvo, que además estaba plana, las demás mujeres con las que se había acostado tenían prótesis mamarias, lo que era normal en el entorno en el que se relacionaba desde adolescente, todas amigas de Cecilia, y modelos como ella. Y la verdad es que el tacto de esos senos no le gustaba; le daba la sensación de tocar pelotas de goma. Henar tenía los pechos grandes; se dio cuenta la noche anterior cuando la vio en la puerta de su habitación, y la verdad es que se hubiese quedado con ella tan contento. No sabía por qué se había ido con Cecilia, además para echarse a dormir. Además, creía recordar que le había prometido que no admitiría los deseos de su padre y no se acostaría con Henar. Ella pensaba que debía someterse a una inseminación artificial si quería tener un hijo suyo, porque la otra opción era humillante, pero la verdad es que a él ya no le parecía tan mala idea. Además, no sabía por qué tenía que ser tan condescendiente con Cecilia; al fin y al cabo se había casado con otro, no entendía por qué seguía empeñada en controlar su vida.

De todas formas, ahora no tenía la mente clara. Henar se había dormido profundamente y él pensaba hacer lo mismo.

Pero no podía dormir. Su nueva esposa tenía razón cuando le había dicho que se creía superior a ella, y es que la verdad es que no sabía por qué ella había aceptado ese matrimonio. Pero, fuese por lo que fuese, sus motivos no podían ser tan nobles como los suyos.

Finalmente decidió preguntárselo. Además, aunque estaba durmiendo, su sueño había empezado a ser agitado; parecía que estaba llorando...

–Henar, Henar, despierta...

* * *

Tardé en reaccionar. Charlie me había despertado de una horrible pesadilla en la que mi hijo no había muerto en un accidente de coche, sino que se había ahogado en la bañera por un descuido mío. Ya lo había soñado otra vez; fue el peor sueño de mi vida, solo que entonces desperté, acudí a su habitación y pude comprobar agradecida que aquello había sido solo una pesadilla y que mi hijo estaba vivo. Ahora no; las cosas no habían ocurrido como en el terrible sueño, pero el final era el mismo: mi niño ya no estaba conmigo y no volvería a estarlo jamás.

–Perdona, he tenido una pesadilla horrible.

–Sí, he visto que estabas llorando en sueños.

Pasaron unos minutos antes de que mi nuevo esposo volviese a hablar:

–Me gustaría conocer los motivos –me dijo.

–¿Qué motivos? ¿Los que me hacían llorar en sueños? No quiero hablar de ello.

–No, me refiero a lo que te hizo firmar el contrato.

–¡Ah eso! Es una larga historia.

–Bueno, todavía queda vuelo, y además tenemos dos semanas por delante...

Dudé un momento, pero finalmente comencé a hablar:

–Pues la verdad es que todo empezó cuando vi aquel loro del tamaño de mi hijo muerto y pensé que mi mejoría era solo una quimera; ese día pensé que no saldría nunca del manicomio.

Continué con la entrevista con su padre, omití mi reencuentro con su fotografía y nuestras aventuras en la selva, el lejano Oeste, el antiguo Egipto o la Segunda Guerra Mundial (no creo que lo hubiese entendido); le hablé de los «buenos buenísimos», de los «malos malísimos» y de los «ni buenos ni malos»; le conté los episodios acaecidos en Marbella, en Barcelona y en Navarra; hablé de quiénes eran en realidad «La flaca» y «La calva»; proseguí con las maldades del «demonio» y la hipocresía de Gonzalo; terminé con el suicidio de Fedra y los despidos de Francisco, de Jordi y de Inés, y solamente al final le conté la terrible situación económica en la que nos encontrábamos mi familia y yo, y cómo su padre nos había salvado de la ruina a través de una boda de conveniencia y de la oportunidad de un nuevo hijo que me ayudase a afrontar la vida y salir de la oscuridad.

No me interrumpió en ningún momento.

Mientras tanto habíamos aterrizado en Nápoles, habíamos cogido las maletas y nos dirigíamos hacia el lugar donde nos iba a recoger Iván, un amigo suyo del internado, mitad alemán y mitad italiano. Antes de salir a su encuentro pasé un momento por los baños para retocarme el maquillaje. Aquella confesión me había hecho sentir mucho mejor.

–Henar, este es Iván, mi mejor amigo –me presentó Charlie.

–No me habías dicho que tu esposa era tan guapa –le dijo nuestro anfitrión en una mezcla de italiano e inglés, mientras me abrazaba efusivamente.

–Andiamo presto, my dear friends.

* * *

La villa en la que íbamos a pasar la luna de miel era maravillosa. Estaba situada en la montaña al lado de un precioso hotel propiedad también de Iván.

Desde el Ferrari descapotable (donde a duras penas cupieron las maletas) pude disfrutar de la maravillosa costa amalfitana, mientras mi marido y su amigo hablaban en alemán. No pude entender ni una sola palabra.

En la villa nos esperaba una fantástica cena, servida por el camarero más guapo que había visto en mi vida y regada con diferentes vinos, que yo no probé pero que ellos terminaron rápidamente para continuar después con otras bebidas de más alta graduación.

Iván parecía no saber nada de nuestro contrato prematrimonial y de las obligaciones derivadas del mismo, y no tenía ninguna prisa por marcharse (imagino que no podía imaginar que nunca nos habíamos acostado), y mi esposo volvía a estar borracho (si es que había dejado de estarlo en algún momento). Otra vez pensé en Carmen Sotillo[3]; por lo menos a ella la despreció su marido solamente una noche (la de bodas), pero yo ya iba por la segunda...

Cuando el camarero modelo de portada vio que ya no se iba a comer y a beber más procedió a retirarse, pero antes me sonrió de tal forma que me sonrojé; eso sí, le devolví la sonrisa. Era parecidísimo a Paul Newman, y por un momento pensé que a lo mejor me había equivocado con «el príncipe azul que yo soñé» e iba a ser ese chico en lugar de Charlie. Abandoné la idea pensando que mi príncipe azul nunca había trabajado en un hotel. Aun así, le pregunté:

–Perdona, ¿cuál es tu nombre?

–Paolo –me contestó

3 Protagonista de *Cinco Horas con Mario* de Miguel Delibes.

–Paolo, como Paul Newman.

–Sí, así me llaman: Paolo Newman.

–Claro, no me extraña –dije riendo abiertamente–. Muchas gracias por todo.

–Aquí estamos para lo que necesite, *señorina* –me dijo al tiempo que salía por la puerta guiñándome el ojo.

Mientras, mi esposo y su amigo seguían charlando y bebiendo (Iván había sacado nuevas bebidas no sé de dónde), yo decidí deshacer el equipaje y buscar un bañador para disfrutar de la piscina climatizada con vistas al mar que tenía la villa. Allí, en la soledad de la noche, me sentí tranquila, y pude disfrutar del momento. El coqueteo con el chico tan guapo y tan joven me había devuelto el buen humor y, a pesar del panorama que había en el salón, con mi marido dando cabezadas sobre la mesa y su amigo cantando y bailando solo, pensé que a lo mejor la vida me daba una segunda oportunidad.

XXIII. LA SEGUNDA OPORTUNIDAD

Cuando me levanté, ya tarde por la mañana, Iván se había ido y Charlie dormía la borrachera en el sofá. No sé a qué hora habían terminado porque después del baño me había tomado un somnífero y había dormido profundamente.

Decidí ponerme uno de los vestidos comprados para la ocasión e ir a dar una vuelta. Cuando salí a la calle escuché música proveniente del hotel y me dirigí hacia allí.

Aunque estaba un poco cohibida fui hacia la sala de donde parecía proceder el sonido de la orquesta y antes de entrar me encontré con Paolo elegantemente vestido. Si ya estaba guapo con su uniforme de camarero, ahora ya no sabría cómo definirlo...

En cuanto me vio se acercó a mí.

–¿Qué tal ha dormido la señora? –me preguntó en un perfecto español.

–Muy bien, gracias.

–¿Y su esposo dónde está?

–Durmiendo –contesté.

–No debería dejar sola a una mujer tan bonita como usted.

–Eres muy amable, pero no te preocupes. Lo nuestro es solo un matrimonio de conveniencia; no creo que le importe demasiado dónde voy o con quién.

La verdad es que no sé muy bien por qué le dije eso a un hombre al que acababa de conocer la noche anterior; imagino que por coquetería. Total, qué más daba.

–Ah, pues si es así, podrá bailar conmigo –continúo él, sin inmutarse ni un poco tras mi confesión.

–¿Qué estamos celebrando? –le pregunté yo como respuesta.

–Las bodas de plata de mis tíos. Como he trabajado en este hotel durante todos los veranos desde el principio de la carrera me tienen aprecio y les han hecho un buen precio. Y los músicos son mis amigos y tocan prácticamente gratis.

–¿Qué estás estudiando? –le pregunté, interesada por lo que me estaba contando.

–Acabo de terminar un grado en medicina. Cuando finalice mi trabajo en el hotel, este verano, me iré un tiempo a colaborar con la ONG Médicos sin Fronteras a África, y después ya veré qué hacer.

»¿Y tú, a qué te dedicas?

Tardé en responderle; no podía creerlo, no sabía si «el príncipe azul que yo soñé» estaba ahora en todas partes, en varias dimensiones a la vez, o es que yo no debía haber salido nunca del psiquiátrico. Cada día era todo más confuso.

Mientras tanto, la orquesta tocaba canciones románticas italianas, de las que habían formado parte de la banda sonora de tu vida, aunque nunca te hubieras dado cuenta y no te hubiesen gustado especialmente.

–Yo soy directora de Recursos Humanos de un hospital. Si algún día te cansas de ayudar a personas que nada tienen que ver contigo, ni con tu cultura, y que te aniquilarían si pudieran quitarte el móvil o simplemente por el solo placer de hacerlo, puedes llamarme. Te pagarán bien y ayudarás a personas desesperadas por tener descendencia. Te aseguro que es una forma de ayudar muy digna y mucho más lucrativa para ti.

No sé por qué le repetí las palabras que Carlos Aguilar me había dicho en la entrevista de trabajo; imagino que sería porque estaba enfadada con la vida, con la humanidad, con mi primer marido, que se llevó al cielo a mi hijo, con mi segundo marido, que era un borracho, con él mismo, que me confundía con su cara de Paul Newman, sus guiños y su vocación africana. Yo solo quería salir de la oscuridad, pero no me lo estaban poniendo fácil.

El camarero, de nuevo no pareció hacer demasiado caso a mis comentarios y me cogió por la cintura para llevarme a bailar esas bonitas canciones de amor...

Y bailamos muchas y reímos, y vi de lejos a Iván, que me saludó y se fue rápidamente.

Después de unos cuantos temas lentos, la orquesta cambió a ritmos más animados también italianos. ¡Hacía tanto que no bailaba!

Me uní a los tíos de Paolo, a sus padres, a sus hermanos, a sus primos, a los amigos de la familia, como si fuese una más, y disfruté y reí con esos desconocidos como hacía mucho tiempo que no lo hacía. Luego volvieron las canciones románticas de amor y continué bailando con el novio, con el padrino, con el cura, y finalmente otra vez con el «posible príncipe azul que yo soñé número dos».

Todo parecía estar bien, pero de repente, como si se tratase de una película de serie B, apareció mi esposo allí, me separó de mi pareja de baile, le dio un puñetazo, me cogió de la mano y me llevó, mejor dicho, me arrastró detrás de él. Me quedé totalmente confundida; de nuevo tuve la sensación de no saber si vivía o soñaba.

–¿Pero a ti qué te pasa? ¿Estás loco de remate o es que continúas borracho? –le grité mientras trataba de zafarme de su mano.

–¿Qué hacías bailando con ese imbécil? Me echas un sermón en el avión sobre el comportamiento decente que exige nuestro acuerdo y que no debo humillarte, bla, bla, bla... y luego te dedicas a ponerme en ridículo haciéndole carantoñas a un jovencito. Sabes, en el viaje casi me convenciste de que no me había comportado bien. ¡El colmo! No sé qué pretendes, pero si estás pensando en que cargue con el hijo de otro estás lista.

–¡Pero tú de qué vas! No voy a tolerar que me insultes, ¿sabes? Estaba bailando, bailando, sí. ¿Hay algo malo en bailar? ¿Qué querías que hiciera si llevas tres días borracho como una cuba, contemplarte mientras duermes la mona? Eres, eres... un mierda.

Mientras tanto habíamos llegado a nuestra villa. Continuó arrastrándome hacia dentro, cerró la puerta, me llevó al dormitorio y me tiró en la cama. Empezó a quitarse la ropa y a quitármela a mí. No podía creer lo que estaba pasando.

–¡Suéltame inmediatamente! –le grité.

Pero no parecía oírme. Me quede quieta entonces y me hizo el amor, de una forma precipitada, casi violenta, como si fuese una necesidad...

Terminó rápido. Me habría puesto a llorar, a gritar, a insultarlo, si no hubiera sido porque en el mismo instante en que ocurrió supe que había quedado embarazada. Sé que no tenía explicación, pero lo sabía seguro.

Charlie se levantó, se duchó rápidamente y salió de la casa. Yo continué en la cama, aunque era media tarde y me quedé medio dormida. Entre sueños un bebé reía a carcajadas. Supe que no era mi niño, porque nunca en sus dos años de vida le oí reír de aquella manera. Tuve claro que era la nueva criatura que me iba a nacer la que me regalaba esa risa para anunciarme que pronto estaría conmigo.

* * *

No sé el tiempo que había pasado, porque estuve a ratos dormida y a ratos despierta, pero mi esposo volvió con un ramo de flores silvestres. La verdad es que el ramo era horroroso, pero me recordó a los que me traía mi hermano del colegio cuando yo todavía no había empezado la escuela. Cada día venía con uno y me lo regalaba. Mi madre no quería que lo hiciese, ya que se marchitaba inmediatamente, por lo que lo tiraba a la basura, así es que decidimos esconderlo debajo de la cama. Cada tarde sacábamos el ramo marchito del día anterior y lo sustituíamos por el nuevo. Las flores de Charlie me recordaron a aquellas otras que cada día tirábamos por la ventana mi hermano y yo para reemplazarlas por otras que se marchitarían al día siguiente. Cuando me las dio, en un gesto casi reflejo cogí la más bonita, de color rosa, me la puse en el pelo y metí el resto debajo de la cama, como cuando era niña.

–Tenías razón en todo lo que me has dicho. Me he comportado como un auténtico cretino, pero es que todo es muy complicado...

No sé cuánto tiempo estuvo hablando, quizás horas. Me relató el accidente, la desolación que le produjo la muerte de su madre y de su hermana; habló de su vida en el internado alemán donde lo llevó su abuela y donde conoció a Iván, su primer amigo, el único que le entendía algo cuando le hablaba en español, por el parecido de los dos idiomas; recordó sus vacaciones en España, la distancia emocional con su padre, su relación con Cecilia; su hospital en el Congo; cómo pensó que yo era la amante de su padre; cómo quería quedarse conmigo la noche de bodas y los celos que sintió cuando me vio con «el hombre más guapo del mundo», del que le había hablado su amigo Iván y que anotaba en una libreta a todas sus conquistas.

Cuando terminó de contar su historia volvimos a hacer el amor, pero esta vez todo fue distinto. Yo era de esas personas extrañas que solamente se habían acostado con su marido y al principio estaba cohibida, pero poco a poco nuestros cuerpos se acoplaron como si fuéramos un puzle de solo dos piezas, de esos que hacen los niños pequeñitos y que son muy fáciles de montar y siempre encajan a la primera. Todo fue bien, natural, feliz. Mi nuevo marido, al igual que el anterior, era un amante cariñoso, cuidadoso, dulce; parecía una persona totalmente diferente a la que casi me había forzado unas horas antes.

Su cuerpo era distinto al de mi primer marido, mucho más delgado; su pelo era rubio y largo, y el de mi primer esposo era moreno y siempre lo llevaba muy corto, casi rapado, pero cuando Charlie y yo hicimos el amor esa tarde tuve las mismas sensaciones que cuando lo hacía con mi marido, lo que me sorprendió. Sin embargo, quizás siempre fuese así. Tenía poca experiencia; le preguntaría a alguna amiga más promiscua. Había pasado mucho tiempo pensando en ese momento, y al final pues tampoco había sido tan difícil acostarse con otra persona.

XXIV. Y COLORÍN COLORADO

El resto de nuestra luna de miel fue mucho mejor que cualquiera de las películas de amor que yo imaginaba de niña. Navegamos juntos, nos bañamos en el mar, montamos en bicicleta, en moto, y alquilamos un descapotable para recorrer sitios maravillosos, comimos en los mejores restaurantes, bebimos el mejor vino (aunque mi marido no volvió a emborracharse), bailamos bajo la luz de la luna bonitas canciones de amor italianas, charlamos hasta el amanecer y pasamos muchas, muchas horas en el dormitorio de nuestra preciosa villa.

Alguna noche cenamos con Iván y alguna de sus conquistas. También volvimos a ver a Paolo y Charlie se disculpó con él, aunque el camarero aspirante a «príncipe azul número dos» no pareció darle demasiada importancia al puñetazo recibido. Por lo visto había recibido muchos más en su vida por su costumbre de ligarse a las invitadas del hotel sin importarle demasiado que tuvieran pareja.

Esos días fui tan feliz que a veces hasta sentía remordimientos por serlo, como si ya no tuviera derecho a ello.

Pero, claro, aquello no podía durar eternamente, y como todo, sobre todo lo bueno, pasó rápido.

Volvimos a Madrid y nos instalamos en el precioso piso que mi suegro nos había comprado enfrente del Palacio de Oriente, mi sitio preferido de la ciudad.

Los primeros días también fueron bien. Yo había vuelto a mi trabajo, pero trataba de salir pronto para estar con mi marido. Salíamos a pasear por el centro de la ciudad, y nos abrazábamos y nos besábamos mientras recorríamos el centro de la capital del mundo, como apodó Hemingway a Madrid.

Poco después de llegar me hice la prueba, y, efectivamente, había quedado embarazada. Celebramos la noticia con alegría y todavía disfrutamos de algún tiempo juntos. Pero lo temido tenía que llegar y llegó. Charlie me anunció que tenía que volver a África. Todo cambió entonces. No debí hacerlo, pero le supliqué que no se fuera hasta humillarme por completo y lloré hasta quedarme sin lágrimas. No podía entender su regreso. Ahora éramos felices, ya no tenía que seguir huyendo de nada, podíamos ser una familia unida con un futuro maravilloso por delante, podía trabajar con su padre, o hacerlo en cualquier otro sitio; los médicos no tenían problemas para trabajar en España. Pero de nada me sirvió. Aunque me respondió que volvería pronto, me dejó sola con mi bebé en camino y rodeada de oscuridad y desolación.

Tuve que volver a vivir con mi madre y pedir la baja laboral; al estar embarazada no podía tomar ninguna medicación y mi depresión se había agravado mucho con la partida de mi esposo. Regresé a la terapia psiquiátrica y psicológica y me negué a responder a los intentos de mi marido por comunicarse conmigo. Un mes después de su marcha inicié los trámites de divorcio.

A Carlos Aguilar no pareció importarle mucho todo aquello; tenía lo que quería y me visitaba a menudo interesado por la salud de su nieta. Las ecografías desvelaron que tendría una niña. El embarazo iba bien, que era lo que a él le importaba, y en la terapia a dos, que retomamos, me decía que estaba seguro de que yo mejoraría cuando el bebé naciese.

Me había pedido que la niña se llamase Sara como su mujer, a lo que accedí sin problema. Era un nombre bonito que significa «princesa» (algo me quedaría del «príncipe azul») y que se vincula con el origen de las tres religiones monoteístas. Yo no era religiosa, pero me gustaba que ese nombre uniese de alguna manera esas tres creencias. Sara para mí sería la princesa de la risa, el amor y el respeto.

No pensaba en el trabajo; el tiempo pasado allí me parecía un sueño o una pesadilla, no lo tenía del todo claro. A menudo recordaba lo que había leído sobre los mensajes enviados durante los atentados del once de septiembre en Estados Unidos. Entre los miles de ellos recibidos por familiares y amigos de las víctimas no había ni uno solo de trabajo, lo que demostraba que este no era importante en absoluto. Solo era un medio, nunca un fin; la pena era que teníamos que pasar mucho tiempo de nuestra vida en él.

Charlie intentó visitarme en tres ocasiones, pero no quise verlo. Ahora tenía a dos maridos a los que odiar, y no sabía a cuál de ellos detestaba más. Sin embargo, sabía que el último estaba vivo y que estaba condenada a que formase parte de mi vida para siempre, al haberle convertido en el padre de mi hija. Nunca dudé que el acuerdo que firmé con «El águila» había sido bueno para mi familia y para mí, pero cometí un error, algo que no estaba estipulado en el contrato y que nunca debería haber ocurrido: enamorarme «locamente».

Inesperadamente, cuando estaba de siete meses me puse de parto. Mi hermano me llevó a la clínica Los Tres Ases, donde iba a dar a luz.

–Llama a Charlie –le pedí antes de ingresar.

–Lo hice en cuanto me llamaste. Está de camino.

Pasé algunas horas sola en dilatación, pensando en la diferencia con mi primer parto, con mi esposo a mi lado en todo momento. No quería llorar, pero no pude evitarlo. Pensaba en qué pensaría si pudiera verme aquí, sola, desvalida... Mi madre ya era mayor para estar conmigo, mi hermana vivía fuera de Madrid, mi hermano era miedoso, no tenía hijos y lo hubiese pasado muy mal si le hubiese pedido quedarse; tampoco era momento para compartir con ninguna amiga. No quise que avisasen a Carlos Aguilar; no pensaba que pudiera ayudarme en nada. Estaba allí sola deseando ver a mi hija y que pasase todo aquello. No pensaba que Charlie llegaría a tiempo y casi lo prefería.

Ya en el paritorio, al igual que en mi primer parto, la expulsión fue larga, la niña era muy pequeña y no tenía apenas fuerza, pero luchó para salir y venir conmigo, y cuando nació la sala se iluminó de repente. Me la pusieron encima y pude ver sus enormes ojos color aguamarina mirándome con curiosidad. Fui tan feliz... Sara había encendido el mundo... Lo que sentí no se puede explicar con palabras; no hay ninguna que pueda expresarlo, la única que se parece un poco es «luz».

Pero aquella sensación solo duró unos instantes.

–Su marido ha llegado –me dijo una enfermera–. Va a pasar a verlas.

–Claro –le contesté.

Cuando se abrió la puerta no pude ahogar un grito de pánico, al ver a mi primer esposo dirigiéndose hacia mí llorando. Sabía que no estaba soñando.

–¿Qúe haces aquí? –grité–. ¡Vete! ¡Déjame! No debes estar aquí. ¡Tú estás muerto!

EPÍLOGO

Carlos Aguilar estaba repasando los informes sobre Henar Márquez cuando llamaron a la puerta de su despacho.

–Pasa, Carlos; te estaba esperando.

Ambos hombres se abrazaron.

–¿Qué tal las chicas? ¿Cómo están?

–Están muy bien las dos. Henar cada vez más centrada y la niña cada día más graciosa. ¡Qué te voy a decir yo!

–¿Y tú? Imagino que no habrá sido fácil para ti leer el diario de tu mujer. Sin embargo, creo que era necesario. Ya han pasado casi cinco años; pienso que es tiempo suficiente, y era importante que comprendieses mejor todo lo que pensaba ella, lo que sentía...

–Ha sido muy duro para mí. No te imaginas lo que es darse cuenta de que tu esposa te ha matado y te ha sustituido por un príncipe azul imaginario que eres tú mismo, pero quitándote todo lo que no le gusta de ti. Es demasiado fuerte. Y todavía peor es que, ya mejorado, te vuelva a sacar de su vida una segunda vez, después de haberte perfeccionado tanto. Imagino que por mucho que lo intente nunca podré acercarme a lo que ella espera de mí.

–No tienes por qué martirizarte así, Carlos. Henar sufrió una de las peores tragedias que puede experimentar un ser humano: la pérdida de un hijo. Tú también lo sufriste, por eso tu pelo se volvió completamente blanco de repente y caíste en las garras del alcohol. Ella prefirió volverse loca para sobrevivir. Y no puedes dudar que te amaba profundamente, pero al mismo tiempo no quería perdonarte por conducir el coche que provocó el accidente que mató a su hijo.

»Pocos matrimonios sobreviven a una tragedia de este tipo, y no es necesario que haya uno más culpable que otro; cuando no lo hay, se busca. Es muy común en los padres que han perdido hijos de corta edad que ambos se culpen uno al otro, no de la muerte en sí, sino del poco tiempo que se pasó con el niño, de la educación que se le dio, de los estudios, de los juegos, de las comidas; es algo perverso que sin embargo ocurre frecuentemente y que muchas veces termina con la separación del matrimonio. Vosotros seguís juntos. Eso te demuestra que en vuestro caso el amor está por encima de todo.

–No lo sé, a lo mejor tienes razón. Entender lo que escribió sobre mí fue muy difícil, pero también lo fue comprender el resto, reconocer a todas esas personas que aparecen en el diario; no soy capaz de distinguir si son reales o personajes imaginarios como su príncipe. Todo aquello de «los buenos buenísimos», «los malos malísimos» y «los ni buenos ni malos», los episodios laborales de los que habla... Está todo escrito con tanto realismo, con tanta lucidez... Necesitaba hablar contigo para que me explicases, necesitaba entender.

–La mayoría de lo que escribe Henar en ese diario es cierto, solo que algunas veces está sacado de contexto. Como dices, sus afirmaciones demuestran una extrema lucidez, a pesar de estar escritas durante un periodo de desequilibrio importante. Su conocimiento del género humano es extraordinario. Es duro muchas veces leer lo que piensa de ti, o de la gente a la que aprecias, pero pocas veces se equivoca. Leyendo ese diario he aprendido mucho sobre mí mismo y sobre algunos de los que me rodean también.

–¿Entonces el loro existió?

–¿Gabino? Claro que existió. El día en que tu esposa solicitó el ingreso voluntario en la clínica, Jordi Salisachs, el entonces director de las clínicas que tenemos en Barcelona y Navarra, le trajo a Ángel Aznar, apodado «El demonio» en el hospital, el loro del que Henar habla en su diario. También es verdad todo lo que posteriormente cuenta sobre el pájaro. Lo que no sé es quién le contaría a ella la historia completa, pero es totalmente verídica. Yo la conocí entera cuando leí sus escritos.

»También es real Amelia, nuestra recepcionista, con la que en principio no congenió, pero con la que después tuvo mucha relación.

»El Dr. Bartolomé fue el primero que la atendió, hasta que yo me ocupé personalmente de su caso. Mi esposa y mi hija también murieron en un accidente de tráfico; por eso decidí tratarla, solo que no tengo ningún hijo que sobreviviera, lamentablemente para mí. A Charlie lo inventó y lo creó a su imagen y semejanza. No trataba de mejorarte a ti, sino de mejorarse a sí misma; por eso le imaginó una vida con la que ella soñaba de pequeña, con sus valores, con sus creencias; es algo complejo de entender.

–Pero ¿no se daba cuenta de que estaba ingresada en un hospital psiquiátrico?

–Al principio sí, pero luego un día hubo un problema importante con la nómina. Yo sabía que ella era una experta en esa área y le pedí ayuda. Lo resolvió de inmediato: fijó los procedimientos que debían seguirse, dejó sin cobrar a la clínica de Marbella hasta que no mandasen la información correctamente, habló con Salisachs, que la ayudó a mejorar los programas informáticos, y en poco tiempo todo iba muchísimo mejor.

»Sin embargo, a partir de ese momento perdió la noción de la realidad y comenzó a pensar que trabajaba en la clínica. Cambió el fin de esta y decidió que nos dedicábamos a mejorar la salud reproductiva. No sé por qué tomó esa decisión; hay algunas cosas que se nos escapan.

»Visto con la perspectiva de ahora, pedirle ayuda quizás no fuera una buena decisión, pero así lo hicimos.

»Desde ese momento quedó desubicada. Los otros enfermos no la aceptaban y los empleados de la clínica sabían que era una paciente, y aunque algunos eran amables con ella, la mayoría la evitaba. Es normal. Es por ello por lo que afirma en sus escritos que estaba mucho mejor en la clínica siquiátrica que en el 'trabajo'. No se daba cuenta de que estaba en el mismo sitio.

–Pobre Henar. Debió sentirse muy sola.

–Para mí fue un terrible fracaso; por eso le pedí a mi socio, el Dr. Aznar, que la tratase por un tiempo, y lo hizo. Pero no mejoró. Seguía viviendo en su propio mundo imaginario, siempre sola, paseando por la clínica con su eterna sonrisa.

–No sabía que no la habías tratado por algún tiempo; pensé que siempre habías sido su médico. Siempre hablaba contigo, y en ningún momento me dijiste nada.

–Sí, lo sé, realmente nunca dejó de ser mi paciente, solo que no sabía si la estaba beneficiando con esa «terapia a dos» que ella comenta en su diario. Finalmente volví a ocuparme de su caso. Tuvo algunos encontronazos con Ángel que me hicieron ver que las cosas no iban por el mejor camino.

–Desde luego «El demonio» no aparece muy bien parado en los escritos. ¿Realmente es como ella lo describe?

–Henar hace un retrato bastante fiable de mi socio, como de los demás, aunque yo creo que es todavía peor. La verdad es que se llevaban muy bien, lo que es bastante chocante teniendo en cuenta el carácter de ambos.

»También es bastante fiel la descripción de su ex-mujer Cecilia, y de su hija, Cecilia hija. Un día que viniste a visitarla coincidisteis en la sala de espera y ella os vio hablando; imagino que por eso creó toda esa historia de amor infantil entre vosotros, muy bonita por cierto.

–Ni siquiera la recuerdo; no sé ni cómo es esa chica.

–Es tal y como la describe tu mujer, más fea que su madre y más antipática que su padre, y está casada con un viejo banquero. Todo eso es verdad. La mentira es que nunca estuvo con mi hijo, porque él no existe.

–¿Y los demás? ¿Son reales?

–La mayoría sí. Berta y Regina son tal cual lo narra Henar en sus diarios, solo que son pacientes del hospital. Berta es anoréxica y Regina esquizofrénica. También es paciente

Luis el ladrón, aquejado de diferentes dolencias psiquiátricas provocadas por su adición a la cocaína. Los tres odiaban a tu mujer.

–No puedo entender que alguien odie a Henar. Independientemente de su enfermedad es una persona maravillosa, dulce, sensible y generosa. Me cuesta creer que alguien quiera su mal.

–Querido Carlos, dentro del mundo de los enfermos mentales hay todo tipo de personas, al igual que en el resto de los mundos. Esa teoría de tu mujer de los «buenos», los «malos», los «ni buenos ni malos», etc., etc., se da igual en todos los grupos sociales, también en los psiquiátricos. Y es cierto que algunas patologías alteran el comportamiento, pero la esencia es intrínseca; viene de serie. Henar es inteligente, quizás no fuera la primera de su clase pero no cabe duda de que es lista. También es guapa; nunca ganaría un certamen de belleza, pero resulta una mujer muy atractiva. Pero lo que los «malos» no pueden soportar de ella no es nada de eso. No aguantan que sea buena.

»Las personas buenas provocan un tremendo rechazo en los malvados, que suelen ser extremadamente crueles con ellas, salvo que, como tu esposa, sean fuertes y listas. Con estas no pueden, y por eso las odian más todavía. Es un fenómeno que se da mucho en las escuelas, y eso que en estas los «malos malísimos» todavía no tienen tanto poder. Y son todavía peores las situaciones que se producen en las empresas. Aquí los buenos lo tienen bastante más difícil; les suelen considerar débiles y no suelen llegar a puestos directivos, y los perversos suelen terminar con ellos. Así es la vida profesional, lamentablemente.

–¡Qué duro tuvo que ser todo esto para ella! ¿Tenía algún amigo, o esos en los que ella confiaba no existían?

–Bueno, amigos, amigos, sabes que hay pocos, pero mucha gente la apreciaba. El primero Jordi, más conocido como Santa Claus. La vio por primera vez el día de la entrevista y siempre que venía a Madrid preguntaba por ella. Luego, cuando Henar arregló el problema de las nóminas, hablaban mucho por teléfono. Al parecer Salisachs tuvo una hermana que se suicidó siendo muy joven, víctima de una profunda depresión, y no sé si fue por eso pero quería mucho a tu mujer. Bueno la quería e imagino que la seguirá queriendo. Ya no trabaja para nosotros, pero sigue vivo.

–Entonces, si Berta y Regina son pacientes del centro, ¿quién provocó la salida de Jordi?

–Fue Gonzalo, el director de la Clínica del Sur, que también existe y al que Henar da un trato bastante benévolo en sus diarios (aparte de criticar su vestimenta y su ideología), pero que en realidad es un auténtico tiburón. Se cargó al que era «su compañero» y supuestamente amigo en el comité de dirección y se hizo con la dirección de las tres clínicas siendo un absoluto incompetente.

»Pero a mí me dio igual. Tanto él como Jordi entraron para tratar de quitarnos poder a Cecilia y a mí en una ampliación de capital orquestada por Ángel a nuestras espaldas, que, por supuesto, no le salió bien, ya que nunca conseguirá la mayoría, porque Ceci y yo votamos lo mismo, como bien dice tu mujer, casi siempre.

»Es cierto sin embargo que entre los dos directores regionales hay profundas diferencias. Jordi es bueno, solo que le estaba muy agradecido a Aznar, y Gonzalo es malo, pero qué más da; por lo menos ahora hay uno menos para votar en contra nuestra en las juntas.

»Osborne también la apreciaba a su manera. Te puedes imaginar la que lió cuando no le pagamos porque no se reportaban las incidencias en su clínica. Que si dejábamos la empresa en manos de una loca, que si los locos éramos nosotros, bla, bla, bla. Sin embargo, yo autoricé todo lo que propuso Henar, y luego, cuando se conocieron, a Gonzalo le cayó simpática, con su forma directa de meterse con él, con una sonrisa y sin levantar nunca la voz.

»La verdad es que su atractivo la ayuda con los hombres, para qué nos vamos a engañar. Además, se arreglaba mucho, lo que es algo muy extraño en las personas depresivas, pero a raíz de que pensó que trabajaba en el hospital cada día se ponía más guapa.

–Sí, siempre fue muy presumida, y cada vez lo es más. Se cuida mucho y sabe sacarse partido. La niña de momento parece diferente; no quiere ponerse los vestidos que le compra la madre, ni los gorros ni los lazos. Cuando Henar le dice que así está mucho más guapa, le contesta que a ella le da igual estar guapa. Pobre Henar, se queda desconcertada, pero no la obliga, la respeta.

–Sí, es una mujer respetuosa. Lo era también con el resto de los pacientes; parecía entenderlos, solo que algunos de ellos no la entendían a ella.

–¿Entonces no tenía ningún amigo entre los enfermos?

–Sí, sí que tenía. Al principio se llevó muy bien con Fedra, pero luego le dimos el alta y poco después, incomprensiblemente, parece que se suicidó, aunque no está muy claro. También se entendió muy bien con Francisco.

–¿También ellos eran pacientes?

–Fedra sí. El caso de Francisco es más complejo. Era nuestro tesorero, pero le dio un brote sicótico (estaba muy estresado por la presión a la que lo sometían Aznar y Osborne) y lo ingresamos en la clínica, aunque muy poco tiempo. Enseguida se prejubiló, pero cuando estuvo hospitalizado también congenió muy bien con Henar, y además ella lo ayudó con los trámites. Lo hicimos a través de una «ineptitud sobrevenida», una figura legal que ella parecía conocer bien.

»Y poco antes de que te la llevases a Amalfi se hizo muy amiga de Inés, una antigua enfermera, también depresiva, que vino trasladada de la clínica de Barcelona por petición de su hija, que ahora trabaja en Madrid.

–Inés, ¿la presidenta del comité de empresa? ¡Madre mía! Su historia era tan real...

–Y lo es. Todo lo que cuenta tu mujer en el diario sobre ella es verdad, solo que la Loreto que le quitó el marido no es la Loreto que trabaja con nosotros, y que actualmente es la jefa de enfermeras después de que Julia se tuviera que marchar por el acoso al que la sometió Ángel por su gordura. (Lamentablemente es «gordofóbico» selectivo, ya que él está como un tonel pero se ve estupendo).

»Como el nombre no es muy común, Henar debió mezclar las dos historias en su cabeza, porque también es verdadero lo que cuenta sobre la actual jefa de enfermeras: que fue la primera amante de Aznar, que luego estuvo con Henry

Hamilton, el sustituto de la segunda mujer del «demonio»... Pero aquí nunca trabajó don Juan; él fue compañero de Inés en la clínica donde ella trabajaba y se casó con otra Loreto, no con la nuestra.

»Como ves, todo está perfectamente encajado.

–¿Y las mujeres de su equipo? ¿Y Elisa?

–Trabajan en nuestras oficinas, dentro del equipo de los no sanitarios. Elisa en Contabilidad, con Francisco; siempre fue muy amable con ella. A raíz del ingreso del tesorero, todos los días lo iba a visitar cuando salía de trabajar y le cogió mucho cariño a tu esposa. También es muy presumida y va siempre muy arreglada; no sé si fue eso lo que las unió.

»Dolores de RRHH también la visitaba a veces; al principio para hacerle consultas y después porque le gustaba estar con ella. Cuando jubilamos a Manuel, ella se quedó como responsable y lo pasó muy mal. Fue entonces cuando sucedieron los dos casos de acoso que refiere Henar en sus escritos: el de los Diegos y el de Margarita. Tu esposa la ayudó; tenía mucha más experiencia que Dolores. Yo lo sabía y le dejaba hacer.

»Las únicas personas que no pude identificar en los diarios son Gloria, su psicóloga, que imagino será alguna amiga, e Iván y Paolo, que forman parte de vuestra aventura amalfitana.

–Gloria no sé quién es, Iván es un amigo de la infancia y Paolo un camarero gilipollas que llevaba anotadas en una libreta todas sus conquistas y quería tirarse a mi mujer.

–¡Vaya! Así es que es verdad que le diste un puñetazo. Tenía dudas; me costaba imaginarte golpeando a alguien.

–Luego le pedí disculpas. Estaba borracho.

–Perdona. Antes de que sigamos, dices que no conoces a Gloria. ¿Estás seguro?

–Llevo con mi esposa desde que teníamos diecisiete años, y créeme, he conocido a amigas suyas de todo tipo, algunas muy muy raritas, pero a ninguna Gloria. Estoy seguro.

–Era un personaje extraño que siempre me planteó dudas. Aparecía y desaparecía, pero nunca contaba nada concreto sobre ella. Al igual que Charlie, y como él, debe ser un *alter ego*, alguien a quien Henar quería parecerse, ella misma curada y ayudando a los demás...

–¡Madre mía! Yo soy financiero; nunca he entendido a mi mujer. Tampoco lo intenté mucho, la amaba igual. Imagínate lo que esos diarios han supuesto para mí. Y ahora no sé si estoy todavía más confundido.

–Bueno, no debes preocuparte por eso, las mujeres son difíciles de entender; su cerebro es más complicado que el nuestro.

»Lo que sí que tengo claro es que nunca deberías habértela llevado, y mucho menos dejarla embarazada. Tuvimos que suspenderle la medicación y empeoró notablemente. Desde que volvió a la clínica y hasta que nació la niña fue la peor época.

–Ahora es muy fácil decir eso, pero tampoco tú me pusiste demasiadas objeciones; parecía que estaba mejor. Y qué quieres que te diga; amo tanto a mi esposa que me duele de verdad. Hasta siento una especie de dolor físico en el corazón que a veces me oprime tanto que no puedo respirar.

»Y además soy de esos hombres afortunados a los que les ocurre que la mujer a la que más han deseado en su vida es la suya.

»El embarazo no estaba planificado, pero ocurrió y ahora pues me siento pleno con mi mujer y con mi niña. Por supuesto echo de menos a mi hijo, pero miro para adelante. Atrás quedaron los remordimientos, el alcohol, la oscuridad (sí, yo también veía el mundo negro como ella, pero cuando nació Sara todo se iluminó).

»Solamente me quedan algunos miedos. La niña dice constantemente cosas raras; la madre no le da importancia, pero yo pienso si acaso puede haberle afectado la medicación que tomaba Henar, o la falta de esta, no sé. Como te he dicho antes, yo soy una persona de números; hay cosas que me cuesta entender.

–¿A qué te refieres con cosas raras?

–Pues verás, tiene varios amigos imaginarios: Chinchi, Cuncu y Espejito, y se pasa el día hablando con ellos como si estuvieran presentes.

–Bueno, muchos niños tienen amigos imaginarios. Yo mismo tenía uno de pequeño que se llamaba Fernandito; era muy majo, sobre todo porque siempre hacía lo que yo quería.

–Sí, lo sé; ella también tiene uno de esos. Se llama Mateo y siempre pierde en todos los juegos. El otro día le dije que por qué no le dejaba ganar alguna vez y me contestó que no lo había inventado para eso.

–Ves, entonces es consciente de que no existe; eso es bueno.

–Sí, con Mateo sí, pero con los otros tres no lo sé. Cuando nos habla de ellos es como si existiesen de verdad; creo que no se da cuenta de que solo existen en su imaginación. De repente nos habla de sus compañeros de clase y los mezcla con los imaginarios, como si estuviesen todos juntos.

»Luego, cada vez que la reprendemos por algo dice que ella no ha sido, que ha sido Sara mala, que se mete en su cuerpo y, como es transparente, no la ve. Cuando rabia dice que la culpa es de Sara rabiosa, y cuando llora de Sara llorona. Según ella todas son transparentes y se van metiendo en su cuerpo, una sale y otra entra. Si le preguntas quiénes son esas niñas, contesta que son esbirras de Sara mala, que tiene cuatrocientas, y que todas ellas son malas como su jefa.

–Me encanta tu hija; no te preocupes. Todo eso no tiene nada que ver con la medicación de Henar, estate tranquilo; es que tiene mucha imaginación.

–Sí, pero a veces dice cosas más raras todavía. Se levanta y comenta que esa noche ha sido «la acuarela», y si le preguntamos que qué es, contesta que es la que hace crecer el mundo y que por eso Blanca es más alta. (Blanca es su prima; tienen mucha relación, son como hermanas).

»Otras veces empieza las frases diciendo: «Cuando éramos grises y bebíamos agua marrón», y continúa hablando de una serie de cosas incomprensibles a veces hasta diez minutos seguidos. Si le preguntas y tratas de que te explique te habla de la acuarela, de las esbirras, de los imaginarios... Y yo ya no sé qué pensar.

»El fin de semana pasado nos fuimos de puente y cuando llegamos se puso muy contenta y nos dijo: '¿A que las vacaciones estaban solas hasta que hemos llegado? Pero ya no están solas; ahora están muy felices porque están con nosotros'. Hablaba de las vacaciones como si fueran personas.

–¿Y lo habéis comentado en el colegio?

–Sí, allí nunca dice nada extraño; es una niña completamente normal.

–Pues, eso Carlos, Sara finge ser normal porque es lista, pero es una persona completamente especial, es un ser de luz, y, como dice Henar en sus diarios, hay pocos, por lo que tienes que dar las gracias a la vida por tenerla. De todas maneras, puedes leer algún libro sobre física cuántica; la física moderna nos dice que el mundo del sentido común solo revela una porción limitada de una trama de la realidad mucho más grande y extraña.

»Y perdona, pero te voy a tener que dejar; tengo que recibir a un paciente. Dale muchos besos a Henar y recuerda que hay personas capaces de hacer cosas extraordinarias; quizás tu hija sea una de ellas, y si no lo es ya lo fue, ya que fue capaz de encender el mundo.

–Eso también lo expresa ella. Como sabe que yo no la comprendo, se dirige a su madre y le pregunta: «¿Mamá, nadie enciende el mundo?». Y ella siempre le responde: «Claro que sí, mi amor; tú lo encendiste con tus preciosos ojos color aguamarina el día que naciste».

SARA ENCIENDE EL MUNDO

Nació sara y se encendió el mundo
y se llenó de alegría.
Con el brillo de sus ojos,
ya nunca se apagaría

Llegó con sus amiguitos,
que son los imaginarios,
Chinchi, Cuncu y Espejito.
Juegan con ella a diario.
Chinchi es mala,
Cuncu es bueno,
y Espejito un aburrido
Todos vinieron con ella
y en mi vida se han metido

Y Sara mala y sus esbirras,
todas ellas transparentes
se van metiendo en su cuerpo
y hasta dominan su mente.
Esbirras hay cuatrocientas
y de todas ni una buena,
van haciendo travesuras
dice Sarita con pena.

Pero ella nunca ha sido,
las malas son las demás
se van metiendo en su cuerpo
y no lo puede evitar.

Gracias, hija por tu mundo
que mi mundo ha convertido.
Gracias Sara, gracias hija,
gracias por haber nacido.

Juana Villanueva Chaparro
Madrid, 15 de agosto de 2022

KOLIMA
BOOKS

www.ingramcontent.com/pod-product-compliance
Ingram Content Group UK Ltd.
Pitfield, Milton Keynes, MK11 3LW, UK
UKHW021705190726
13853UKWH00001B/425

9 788419 495327